DEUS FORA DO ESPELHO

DEUS FORA DO ESPELHO
Jonas Rezende

Instituto Mysterium   Mauad X

Copyright © by Jonas Rezende, 2007

Direitos desta edição reservados à
MAUAD Editora Ltda.
Rua Joaquim Silva, 98, 5º andar
Lapa — Rio de Janeiro, RJ — CEP: 20241-110
Tel.: (21) 3479.7422 — Fax: (21) 3479.7400
www.mauad.com.br

em co-edição com o
Instituto MYSTERIUM
Rua Pereira de Almeida, 7/1201
Praça da Bandeira – Rio de Janeiro, RJ – CEP: 20260-100
Tel.: (21) 2502-4821

Projeto Gráfico:
Núcleo de Arte/Mauad Editora

CIP-BRASIL. CATALOGAÇÃO-NA-FONTE
SINDICATO NACIONAL DOS EDITORES DE LIVROS, RJ.

R356d
v.3

Rezende, Jonas

Deus fora do espelho / Jonas Rezende. - Rio de Janeiro : Mauad X : Instituto Mysterium, 2007.

. - (Teologia para quê?. Temas teológicos contemporâneos ; v.3)

ISBN 978-85-7478-232-4

1. Deus (Cristianismo). 2. Teologia dogmática. 3. Amor - Aspectos religiosos - Cristianismo. I. Instituto Mysterium. II. Título. III. Série.

07-2864.   CDD: 231
                                 CDU: 231

A Amaury Costa

Aos amigos
Paulo Amaury Costa
Rodrigo Rocha
Eduardo Sampaio
Antônio Belo
Edson Soares Lannes
Alcyr de Carvalho
Aguinaldo de Bastos
Inos Corradin
Rita de Cássia Alves

Aos irmãos
Deca
Ada
Neno

À família
Maria
Laércio
Lídia
Nôga
Toth
Joninhas
Nehemias
Frederico
Lilya

Aos pastores
Jimmy Sudário
Nehemias Marien
Mozart Melo
Edson Fernando
Sebastião Cunha
Paulo Cosme
Domício de Matos
Alexandre Cabral
Luiz Longuini
Carlos Alberto Alves

SUMÁRIO

UMA OPINIÃO – Antônio Carlos Villaça   8
PREFÁCIO – Carlos Alberto Rabaça   9
PRELIMINARES   11
MOTIVOS   14
1 – AS ASAS DA TEOLOGIA   25
2 – DEUS FORA DO ESPELHO   39
3 – QUE É O HOMEM?   55
4 – EM BUSCA DA LIBERDADE   67
5 – O BEM E O MAL   72
6 – MUNDO   83
7 – O CAMINHO DA SALVAÇÃO   92
8 – E COMO SE PODE CRER?   102
9 – DE MITOS E RITUAIS   111
10 – O SOBRENATURAL   118
11 – DOGMA   127
12 – ENGAJAMENTO   135
13 – UNIDADE NA BUSCA DE DEUS   142
14 – SECULARIZAÇÃO   150
15 – A HUMANIZAÇÃO DO HOMEM   156
16 – E, ENFIM, HAVERÁ UM FIM?   165

UMA OPINIÃO

Que ensaio verdadeiramente notável! É um grande livro. A coragem, a lucidez, a simplicidade, a esperança – desde a epígrafe de Marcel – se unem para que dessa união resulte um texto cristão e viril, convincente.

O livro é forte, no sentido de que rompe a barreira do convencional, da mediocridade, da rotina. E nos convida a uma aventura sedutora, a de reformular o entendimento do Cristianismo, que é a organização poética da loucura.

Seu livro, meu Pastor, é um desafio. Devorei-o fascinado. Livro humano, livro autêntico, livro ardente. Precisa ser editado o quanto antes, para que esta mensagem de vida se difunda.

A secularização é um fato. *The Secular City* aí está. Seu livro nos convoca para uma revisão profunda, que é uma das mais belas experiências de nosso tempo.

Antônio Carlos Villaça

PREFÁCIO

A espiritualidade se faz sempre em cima de vivências marcantes que sinalizam a caminhada de alguém. No caso de Jonas Rezende, a alegria, o encantamento e o cavalheirismo dão um sabor totalmente novo nesta edição de *Deus fora do espelho*. As dúvidas, as paixões, as decisões na vida do autor se transformam em vias luminosas que dão acesso a um viver com gosto e sabedoria.

A realidade, como conjunto da existência, não é o efeito de uma causa, é fruto de um querer que transpira bondade e fraternidade. Isto significa que, na origem, as coisas que existem provêm de uma fonte que é puro Amor. Esta é a síntese da compreensão de Deus. Como princípio fundamental, o sumo Bem não pensou no ser humano e nas criaturas porque são bons e amáveis, mas o ser humano e as criaturas são bons e amáveis porque o Bem os ama. A partir disso, os capítulos deste livro mostram que os entes são epifania de um originário amor gratuito.

A preocupação contínua de Jonas Rezende é tratar de desvelar que sabedoria, que plano, que amor cada um dos seres humanos oculta em si mesmo. Por isso, o homem não deve se contentar em ser cronista frio do que acontece em seu redor, mas conjugar imaginação criativa, realismo histórico e otimismo imperturbável para tentar desvendar o projeto de amor que acontece na história.

No centro do pensamento do autor está a noção de alteridade, o lugar do outro na vida humana e na experiência vital. O outro é a condição mesma da existência, da vida. A atitude fundamental que humaniza e faz o ser humano chegar à plenitude de sua realização é a responsabilidade pelo outro, a vontade de promover a paz, a abertura ao transcendente, o respeito no diálogo e a tutela nos direitos fundamentais. Sem a referência a Deus, que é inseparavelmente verdade e amor, a humanidade fica empobrecida e frustrada. Deus está sempre passando diante de nós. Podemos agarrá-lo ou deixá-lo ir. Deus nos procura, mas não quer impor sua presença. Quer ser descoberto por nós, por um ato livre de escolha. Deus respeita a liberdade humana. Seus dons iluminam, dão força, capacidade e nobreza aos nossos atos, sem que deixem de ser nossos e de ser humanos.

Jonas Rezende apresenta ensinamentos vitais, mas é o leitor que reflete, verifica se é mesmo verdade e só aí acontece o aprendizado. Este livro chega a nós num tempo sequioso de empenho coletivo pela paz, capaz de nos alimentar de esperança, de reconciliação, de respeito e solidariedade. A verdade, revelada pelo autor, não nos é entregue como um todo acabado, mas como algo a ser elaborado, trabalhado pela nossa inteligência e formulado pela fé. A acolhida da fé é uma acolhida ativa. Nela procuramos o entendimento. Procurar é, também, esperar. É na esperança que o homem caminha para Deus. Nosso encontro com Ele é um encontro vivo. Tem a riqueza multiforme da convivência. Somos, aí, eternos e temporais. Nas circunstâncias mais complexas, levanta-se repentinamente o véu, revela-se o mistério que pesa sobre nós e manifesta-se o segredo último das coisas. "É o mistério da vida que suscita a beleza e a verdade, cria a arte e a ciência", já dizia Albert Einstein.

Se Deus não existisse, o mundo também não existiria. O mundo está de alguma maneira fundamentalmente de acordo com os propósitos de Deus, pois nada existe a não ser por Sua determinação ou por Sua permissão. O que não podemos explicar não devemos combater. Vamos unir nossos esforços para juntos procurarmos encontrar o caminho certo. Isto é o que nos ensina este livro.

Carlos Alberto Rabaça

PRELIMINARES

A primeira versão deste livro aconteceu em 1978, portanto, há quase trinta anos, e se esgotou rapidamente, pelas razões imponderáveis de sempre. Acredito que, entre esses motivos, marcaram presença o interesse do tema e um certo aceno de alguma novidade, assim como do *coquetel* final eu também não excluiria até uma pitada de escândalo, que não me foi propriamente uma surpresa, muito embora não tivesse tal propósito ao refletir, na condição de acadêmico, sobre alguns temas da Teologia.

Acontece que as instituições religiosas tendem, como qualquer instituição, quase sempre para o conservadorismo. E eu era um jovem pastor que parecia afrontar, com injustificado atrevimento, algumas doutrinas da Igreja Presbiteriana do Brasil, com suas pesadas tradições, desde João Calvino, e o cacoete histórico de excluir os divergentes. Em tempos mais sombrios, através de julgamento, perseguição e morte.

Fui submetido a um processo eclesiástico e cortado de minha Igreja, sob a severa acusação de grave e ofensiva heresia, como se estivéssemos mergulhados na face obscura da Idade Média e não na ensolarada cidade do Rio de Janeiro, justo no limiar do terceiro milênio.

Gostei de ter publicado este livro naquela época. Houve sofrimento proporcional às perdas, em especial quando me cientifiquei de que era responsável pela decepção de pessoas amadas, entre amigos e colegas. O pior aconteceu quando tomei consciência de que provoquei o constrangimento doloroso de minha própria mãe.

Quanto ao abandono institucional, percebi, com o passar do tempo, que podia significar também a conquista da indispensável liberdade de pensamento e de ação. A pecha de herege deixou de doer, até que se cicatrizou finalmente a ferida aberta por essa *santa* crueldade, quando amadureci existencialmente a idéia de que a própria palavra *herege* significa aquele que escolhe. E quase nada é mais importante do que tomar decisões e se predispor às opções que se fizerem necessárias, no processo do inadiável crescimento do ser humano.

Jersy Szachi escreve, como um profeta, que podemos, na qualidade de historiadores e observadores comuns, rastrear o itinerário dos que viveram antes de nós e as escolhas que fizeram, mas, como agentes da sociedade, estamos entre os vivos e não podemos, portanto, fugir também do inadiável ato de escolha.

Em momentos cruciais de nossa vida, a escolha pode evidenciar essa *coragem de ser* de que nos fala Paul Tillich ou a vergonhosa alienação; crescimento pleno ou marcha-à-ré.

É possível alterar o poema de Antonio Machado e dizer que o nosso caminho se faz quando escolhemos. Escolher é a expressão densa e visível da liberdade humana.

É mais do que curioso observar no filme *O Caçador de Andróides*, que se tornou em pouco tempo um verdadeiro *cult*, a evidência de que os avançados robôs do futuro passam por transformações qualitativas. Porque as estranhas figuras evidenciam sua progressiva humanização, justo na proporção em que começam a escolher e a praticar atos livres.

O ser humano, por seu turno, pode até se perder em escolhas desastradas, mas é impossível imaginá-lo vivo sem fazer opções.

Nunca um ato de escolha é leviano ou inconseqüente. Porque quem escolhe, simultaneamente, também renuncia. Se você está lendo esta página, pelo menos neste momento abriu mão de outras leituras. Eleger alguma especialização, no sofisticado mundo pós-moderno, é abandonar todas as demais. Casar com quem o coração apontou, é fechar-se para outras possibilidades.

Lúcio Flávio Villar Lyrio, que chegou às telas dos cinemas como o passageiro da agonia, um dos mais famosos delinqüentes brasileiros, assassinado na Ilha Grande em 1970, alcançou o papel e o valor da escolha, para registrar:

> *Numa Sociedade de perseguidores e de perseguidos,*
> *eu quero antes ser perseguido*
> *porque o perseguido tem a opção de todos os caminhos,*
> *mas ao perseguidor, só resta ir atrás do perseguido.*

O tempo mostra a insignificância de nossas paixões superficiais, mas também decanta e legitima o que temos de melhor.

Quero informar a quem me leu ou irá ler-me agora que, nos últimos trinta anos, nem só um dia passou sem que eu não me reconhecesse e fosse reconhecido como o pastor que sou. Um pastor para tantos atípico, mas um pastor pela graça de Deus e a generosidade de meus companheiros.

Como pastor, mas, sobretudo, uma pessoa individuada e capaz de ser distinguida das *personas* que se me foram agarrando ao rosto, durante o elaborado ofício de atuação social, nessa grossa fatia de vida, volto a buscar meu velho livro quase esquecido esse tempo todo na estante da biblioteca.

Descubro ao folheá-lo, demorando os olhos apenas aqui e ali, que ele ainda me diz respeito, como se tanta coisa que se passou em minha vida e no mundo que me cerca não fraturasse esse sentimento de continuidade que me identifica dentro de fronteiras que limitam, mas não me roubam o rosto ou as impressões digitais. Quero honestamente verificar se vale a pena refazer neste momento de minha vida, com outra mentalidade e novas perspectivas, o que um dia me pareceu um desafio.

Se o livro voltar a acontecer e vier a lume, é porque a resposta, de alguma forma, foi dada. A você e a mim.

Rio de Janeiro, 2007.
Jonas Rezende

MOTIVOS

Talvez a ordem terrestre estável só seja estabelecida se o homem mantiver uma consciência firme de seu estado itinerante ou sempre se lembrar de que, num mundo basicamente instável, mundo que parece fugir de seu alcance a todo instante, o homem precisa abrir um perigoso caminho no qual existem vários obstáculos, em direção ao mundo mais solidariamente construído, cujos esquemas e reflexos incertos são tudo o que se pode prever daqui.

GABRIEL MARCEL

I

Sinto que há um momento em nosso calendário existencial quando nos assalta uma estranha saudade de nós mesmos, levando-nos a perguntar como se estivéssemos, tanto dentro quanto fora de nós, à semelhança da grande Cecília:

Em que espelho eu perdi minha face?

Fui tomado de uma emoção assim quando examinei minha vida e a tudo que havia recebido como herança, limitando-me quase sempre a imprimir uma pálida feição pessoal através do tempo, que ainda me era leve.

Soube, embora sem poder explicar muito bem, que não queria mais fugir de mim mesmo como todos os insensatos que se vendem, à semelhança de Esaú, por um prato de lentilhas.

Mas quem na verdade eu era? Em que realmente acreditava? O que se escondia por detrás de meus gestos, que lembravam os movimentos mecânicos e condicionados de um ritual conhecido de cor e salteado, e das falas tantas vezes declamadas como se fossem o memorizado texto de uma peça teatral? Estaria enredado em uma fantasia urdida e repetida vezes sem conta, até que usurpasse ares de autenticidade? Meu esforço por vezes descomunal não se reduziria à tentativa de agradar e viver em paz com todos, mesmo com o sacrifício de meu rosto verdadeiro?

Não me sobrava, já de partida, qualquer alternativa, senão enfrentar uma dura travessia de renúncias para que pudesse vir à tona. Havia também aquelas buscas que não mais poderiam ser adiadas. Tornava-se urgente digerir e incorporar ao meu *texto interior* o que levianamente vivia a repetir da boca para fora. Ter coragem de amalgamar as informações que, longe de se ordenar com a coerência desejada, aumentavam ainda mais o caos que apenas me aturdia.

Em uma palavra, não podia mais retardar as rupturas necessárias. E, sobretudo, deixar de quebrar com urgência a inércia que parecia me emparedar dentro de mim mesmo, paralisado e surdo aos apelos e solicitações da vida.

Nunca antes havia entendido com tamanha clareza o que Harvey Cox dissera a respeito do pecado de origem:

Nem o sexo ou o egoísmo, como sempre nos ensinaram, mas a preguiça.

Jean-Paul Sartre, no seu romance *A Idade da Razão*, fala de uma poltrona tão macia quanto perigosa. Sentar-se naquela poltrona bem poderia ser o início da acomodação preguiçosa... E como antídoto, nada melhor do que o samba de Chico Buarque de Holanda:

Vai trabalhar, vagabundo.

Com incômoda angústia, que vejo hoje como a véspera de maior lucidez, iniciei meu balanço pessoal e a avaliação das informações e instituições, especialmente as religiosas, sempre tão fortes e presentes a estruturar minha existência, por vezes, até como um molde invasor que abusava de sua desmedida força.

Jamais neguei o enorme valor das instituições e dos contratos sociais. Porque sem as instituições, perdemos a noção de limite, fraturamos as nossas raízes e com certeza ficamos sem rumo, com o extravio desse sentimento de *continuidade histórica* de que nos fala Paul Lofler.

O próprio Herbert Marcuse, no auge de sua popularidade, não cedeu às pressões radicais dos estudantes franceses, na década de 1960, que levianamente desejavam dele um pronunciamento pela abolição da Universidade. Marcuse se escusou, comentando que essa pretensão equivaleria ao absurdo de serrar a perna da cadeira, em que nos encontramos sentados. Afinal, a forma mais sensata de criticar a Universidade demanda seu conhecimento e preparo intelectual para tanto.

Mas a mesma Instituição que se faz o solo que nos liberta da angustiante sensação de desequilíbrio e desamparo, pode igualmente transformar-se, com extrema facilidade, em verdadeira teia de aranha que nos enreda, manieta e rouba os gestos amplos e livres que nos justificam. O sociólogo Francesco Alberoni leva-nos a imaginar que a Instituição, corda libertadora no momento de sua fundação, quase sempre se faz, no compasso da História, um laço de forca ameaçador, porque letal.

Como não evocar a imensa sabedoria de Jesus Cristo, quando ajuíza aos seus opositores:

> *O sábado foi feito por causa do homem, e não o homem por causa do sábado.*

E o Cristo enunciou neste princípio seu infinito bom senso. Porque a Instituição deve predispor-se a servir o ser humano, mas o homem não pode anular-se como um insensato, no mais absurdo holocausto à Instituição. Qual seja ela.

O lar, a Igreja, a Escola e a própria família devem participar do processo de realização e construção do ser humano, que não pode, em nenhuma circunstância, ser escravizado ou usado por nada nem por ninguém. Sempre que essa perspectiva se desequilibra, impõe-se uma necessária renovação, uma espécie de volta ao momento inicial em que a Instituição foi fundada, ao amor primeiro, talvez já deformado ou fora de foco.

É um ritual de preservação, que só o desleixo nos impede de realizá-lo em causa própria.

Assim aconteceu em diferentes momentos da trajetória do povo hebreu e na História da Igreja, com São Francisco de Assis, Lutero, Calvino, Richard Shaull, Leonardo Boff, Rubem Alves, Dom Hélder Câmara, Tristão de Ataíde, Luther King, Dom Paulo Evaristo Arns, Lysâneas Maciel, Amaury Costa, Waldo César, Jether Ramalho, Mozart Noronha, Nehemias Marien, Frei Beto, Frei Neilor, Domício de Mattos, Frei Clemente, Edson Fernando. E um contingente ilimitado de valentes mulheres e leigos como Betinho, em todos os tipos de trincheira. Se o nosso horizonte for ainda um pouco maior, incluímos Gandhi, Marx, Freud, Bolívar, Guevara. E tantos outros. E todos. Entre eles, portanto, você e eu mesmo.

Guardava, por sinal, a convicção de que chegara o meu momento de assumir, por igual, o despojamento daquele Jesus que se esvaziou de tudo e se fez servo da humanidade, até a morte de cruz. E lutar por lançar, ao menos, a semente desafiadora de uma nova Reforma tão radical quanto o Renascimento, verdadeira revolução que visasse o novo homem, mas também o mundo novo, de acordo com a mais vigorosa esperança bíblica e as avaliações dos profetas seculares, que são injustamente chamados de malditos, o que, no entanto, termina por significar, no desdobramento dos fatos, um tipo involuntário de elogio feito a pessoas muito especiais.

O psicólogo Erik Erikson, em seu livro *O jovem Lutero*, fala da viagem que o reformador fez a Roma em 1510, quando tinha apenas 27 anos, quase um menino, como Anchieta ao chegar ao Brasil. Lutero na ocasião escrevia um diário que, hoje, nos dá conta de suas idéias e experiências. Pois bem. O moço comenta em seu diário os antigos aquedutos e obras assistenciais, como hospitais e orfanatos, sob o cuidado e manutenção da Igreja. E deixa também transparecer os seus dramas íntimos, que viriam a eclodir mais tarde, quando viessem à tona, de modo mais consciente e claro.

Mas é importante observar que Lutero chega a Roma justo na efervescência cultural que ficou historicamente conhecida como Renascimento. E esse momento rico e revolucionário não foi sentido e captado por ele. Martinho Lutero avaliou com muito cuidado tudo que pôde ver e teve as atitudes previsíveis em um religioso típico da Idade Média. Talvez por isso, a Reforma protestante não tenha sido mais funda e radical. Representou apenas uma ação restauradora ou o retoque cosmético e não a necessária seqüência da revolução que já varria o mundo com a fúria incontida das mudanças absolutas, culminando por tudo coroar com a verdadeira festa das conquistas culturais, como sucedeu na Renascença. Senão, vejamos.

É possível dizer que as profundas mudanças que acontecem na Europa lembram um tripé ou apontam três faces.

Foi, primeiro, a modificação radical da economia. Com o declínio do feudalismo, ganha preponderante força um novo estamento ou classe emergente, a burguesia, que muda o eixo da economia centrada com exclusividade na exploração da terra, para os produtos manufaturados e as primeiras e embrionárias indústrias, num movimento que supera a modesta atividade agrária medieval e ocupa com impulso novo as áreas urbanas. Essa mudança levaria, nos séculos XVIII e XIX, ao aprofundamento do modelo econômico emergente, à Revolução Industrial e à sociedade capitalista, que parece ter vindo com a determinação de ficar.

A segunda vertente, inseparável da primeira, aponta para profunda modificação política. O poder, assim como as riquezas, transferem-se da nobreza para a burguesia, que conquista literalmente um lugar ao sol. Um lugar legítimo para esse grande segmento que nem se incluía entre os nobres nem fazia parte do clero. E enquanto nobreza e clero estavam comprometidos entre si por indisfarçáveis vasos comunicantes, o povo vivia achatado, na condição de vassalo ou servo, muito próxima de escravidão. A burguesia representou então em sua origem oportuno fermento revolucionário, uma terceira força que julgo positiva e renovadora.

Mas a mentalidade burguesa, em pouco tempo, se abastardou. E os ricaços invejaram o charme do *sangue azul*. Compraram títulos aos nobres. Celebraram com eles alianças espúrias e casamentos de mútua conveniência, e até pagaram para entrar nos castelos, em suas grandes festas, agora decadentes.

Os nobres empobrecidos cediam diante dessas investidas, mas humilhavam os burgueses, aduzindo ao seu nome a expressão latina *sine nobilitatis, sem nobreza*. Na abreviatura do insulto em latim encontramos uma palavra pejorativa, *snob*, aquele que arrota o que não comeu. Pois é. Talvez tenha sido por isso que o nosso Cazuza cantou que a burguesia fede...

Mas completa o tripé a inevitável revolução ideológica. A idéia um tanto superficial de progresso e de riqueza favoreceu o desenvolvimento da mentalidade capitalista, que utilizou, inclusive, um tipo de argumentação religiosa, como aconteceu mais tarde com Calvino em Genebra, segundo a análise de Max Weber. E sobretudo aprofundou o individualismo, cada vez mais exacerbado, e a impessoal, feroz e desumana competição, que alcançaram os nossos dias com níveis insuportáveis.

Existem coisas boas e más nessas mudanças, como de resto sempre acontece. Assim podemos também saudar aberturas e deplorar equívocos que advieram com a mudança da mentalidade medieval enraizada no teocentrismo – onde o Deus da Igreja estava no centro de tudo, legitimando a hierarquia e a pirâmide social – para a compreensão antropocêntrica, que marcou seu núcleo e eixo no ser humano; *o homem como a medida de todas as coisas*, foco que também seria corrigido, como espero analisar.

Mas ninguém negará o devido mérito a esses passos decisivos que mudaram o mundo e promoveram a expansão dos horizontes humanos, também em razão das navegações, das grandes descobertas, dos inventos, das especiarias, enfim, desse mundo novo coroado pelo Renascimento. Uma conjugação de fatos muito especiais, justo o que o Novo Testamento chamaria de *plenitude dos tempos*, porque semelhante ao que aconteceu no nascimento de Jesus, quando as velhas profecias anunciavam que chegara afinal a esperada vinda do Messias; a língua grega, como o inglês no presente, facilitava a comunicação da boa nova entre os diferentes povos; e as estradas romanas abriam caminhos e facilitavam a mobilidade no centro nervoso do império. Tudo isso conjugado preparou o mundo, segundo Paulo, para receber o Cristo e viabilizar a divulgação do Evangelho.

Agora me diga se a Reforma do século XVI foi ou não modesta demais?

Com esta experiência histórica, senti que era preciso dar passos mais nítidos. Iniciar o século XXI, na abertura do terceiro milênio da era cristã, com a disposição de um jovem e a sabedoria de uma Comunidade que tinha dois mil anos de caminhada, para só me referir à experiência cristã. Superar a inércia como quem deseja mais do que antigas conquistas requentadas. Enfrentar a aventura do completamente novo. Não mais ser cauda ou rebarba de um outro

Renascimento, cujos vestígios já podem ser notados por todos os que são sensíveis face aos acontecimentos que nos envolvem em sua doida voragem.

Harvey Cox abre nossos olhos para esses sinais. Destaca o teólogo americano, com o seu poder de síntese, as vozes que antecipam uma grande e nova virada da História. Anote.

Teólogos como Romano Guardini e Paul Tillich nos dão conta de que tanto a idade moderna quanto a era protestante estão próximas do esgotamento total. Dietrich Bonfoeffer vê, com a maioridade atingida pelo mundo, que a própria religião fica uma carta fora do baralho. Martin Heidegger insiste que não apenas o Período Moderno, como toda a era ocidental, iniciada com os gregos, chegam ao fim. É também neste contexto que Roger Garaudy escreve um livro profético, a partir do título, *O Ocidente é um Acidente...*

Que fazer? Lutero estava tão comprometido com questões eclesiásticas, que não percebeu os ventos renovadores da revolução renascentista. E nós? Vamos apenas propor ao mundo em suas dores de parto e à Igreja perplexa dentro de seus muros um punhado de teses medievais, quer sejam 95, 100 ou 1.000.000?

Não podíamos e ainda não podemos ficar aboletados em nossas capelas e sacristias, enquanto a vida acontece no cérebro da cidade. O eco de antigas palavras de Jesus tem a força de uma solene advertência e questiona os guetos onde nos escondemos por falta de descortino ou acuados pela covardia:

Se vocês se calarem, as próprias pedras clamarão.

E o Cristo precisava ainda ser mais claro?

O julgamento fulminante foi feito por Carolina Maria de Jesus, favelada paulista travestida em escritora semi-analfabeta, e registrado num tosco diário transformado depois em importante livro, *Quarto de Despejo*. O rascante libelo de Carolina continua o mesmo, depois de décadas, até porque as injustiças parecem insanáveis e perpétuas:

Os crentes cantam coisas bonitas, mas foi o doutor Ademar de Barros que construiu o Hospital das Clínicas.

Tudo isso exigia de mim e de minha geração o exercício da coragem em seu mais elevado grau e um preparo que, com certeza, me faltava, mas é provável que estivesse tão incendiado e mobilizado por esse apelo que parecia nascer de minhas vísceras porque era ainda jovem e, talvez, mais sensível à fé que me arrebatava como um indomável tornado. E também porque me esqueci, naqueles agitados dias em que grande parte da Igreja se comprometeu com a ditadura de 64, de que, menos de um século depois da Reforma de Lutero, se instalou um tipo impensável de escolástica protestante, marcada pelos mesmos vícios combatidos antes pelos reformadores!

No fundo, eu bem sabia que já vinha me preparando para as rupturas que seriam forçosamente necessárias, até porque desde há algum tempo sentia um verdadeiro desencanto diante das explicações teológicas inconsistentes, dos dogmas petrificados que só se sustentavam com a força de *verdades* impostas sem nenhuma crítica, porque indiscutíveis e sob a ameaça de sérias represálias.

O reforço do insensato argumento apelava para o fato de que não se tratava de questões lógicas, racionais ou sequer razoáveis. E quando eu ousava questionar o dogmatismo, retrucando que a fé não era também fruto da irracionalidade, a reação abusava do autoritarismo costumeiro, ao citar um tanto gratuitamente Santo Agostinho:

Creio porque é absurdo.

E o debate entrava em colapso para morrer unilateralmente com uma tirada marota e irrespondível:

É o mistério!

Mas o tempo passou e nada aconteceu. Meu modesto livro não teve efeito maior. E a revolução que eu engendrara com romantismo deve ter atingido só a minha vida, provocando um pastiche de inquisição que me desligou da Igreja Presbiteriana, depois de tantos anos de serviço e de dedicação.

Mas valeu a pena. Serviu, sobretudo, para que eu deixasse de ser tão pretensioso e pedisse perdão à memória dessa figura que, dentro de circunstâncias adversas, tanto fez pela saúde da Igreja: Martinho Lutero. Sua coragem e desassombro, a capacidade extraordinária de trabalho, os hinos novos e vibrantes, como *Castelo Forte*, a inspirada tradução da bíblia para a língua de seu povo, e tanto mais, são conquistas para muitas gerações, lideradas por um único homem carismático e com muita sensibilidade para conduzir na caminhada da fé uma parte da Alemanha, em época tão complexa quanto foi o século XVI. Cabia-me então reunir como um garimpeiro os pedaços de mim mesmo e tratar de refazer meus sonhos.

Movia-me a certeza de que o ser humano sem máscaras é belo. Puros são os seus desejos. Mas como a Natureza nem sempre é confortável, muitas vezes ele é levado a correr vários riscos, ao tentar modificá-la. Constrói casas, fecunda a terra, seu pé emigra e povoa. Em suma, para ampliar seu potencial particular, abre mão de boa parte da liberdade pessoal e aceita participar do Contrato Social, investigado exaustivamente, à luz de diferentes critérios, pela genialidade de Rousseau, Locke, Hobbes e outros mais. Tornava-se assim inadiável lutar contra a hipocrisia das máscaras e recuperar a pureza dos desejos humanos. Mas esta era, como sabia, uma tarefa assombrosamente difícil. Porque o ser humano, ao adquirir uma identidade cultural, abdica grande parte de sua autonomia soberana em favor da Coletividade que começa a ser plasmada. Assim, se é verdade que sem máscaras o ser humano é belo, sua personalidade é sempre forjada por essas mesmas máscaras sociais, como a própria palavra latina *persona*, que está na raiz de nosso vocábulo *personalidade*, evidencia, uma vez que significa justamente *máscara*.

Muitas vezes me perguntei também se o homem é, na verdade, um deus que ainda se emascula ou é simples pólen ao vento, sem condições de dar um norte à sua vida, em meio a tantas incertezas? O português Miguel Torga insistia, porém, ao meu ouvido, num sussurro amigo e benfazejo:

O destino destina e o resto é comigo.

Foi por esses e outros desafios que me deixei fecundar pela mais profunda espontaneidade. E o trabalho meticuloso e árduo de umas duas semanas gerou o presente ensaio, em sua primeira versão.

II

Deixando de lado um grupo que parece ficar cada vez menor, o homem de hoje vê a Teologia como um estudo irrelevante; atividade medieval inserida de modo postiço nas preocupações dos dias atuais. Seria, quando muito, um amontoado de antigas reflexões recheadas de uma erudição imprestável e fora de moda, em que proliferam palavras desconhecidas que parecem bailar muito à vontade, no recitativo que lembra um monótono cantochão entoado com a dicção artificial e imprecisa de algumas pessoas pretensiosas que utilizam, com previsível e natural imperfeição, o potencial comunicador, em grande parte perdido, pelas línguas mortas.

Trata-se de um estranho e desagradável sonido, que desliza sorrateiro e profano da boca imprudente dos que se atrevem a perturbar, sem nenhuma aptidão, a sagrada música das finadas línguas, que se esfumaram numa lembrança com perfume de jasmim, e o cansado silêncio das coisas findas, depois de cumprida a sua pesada e duradoura missão, em bocas nativas e hábeis, de todos os tipos.

O teólogo tradicional, neste terceiro milênio da era cristã, parece-me o típico personagem de um museu de cera, uma espécie de animal já extinto, mas cuidadosamente empalhado, algo assim como o embalsamado cavalo *Vizir* que conduzia o glorioso Napoleão, contribuindo para a vitória em suas guerras, apesar de ter a cor branca da paz. Ou a múmia de Lênin que nem mais pode contar com a propaganda política ou sequer tem o apoio artificial da mística soviética. Tornou-se apenas o que basicamente é: um cadáver molestado, como são as línguas fenecidas ainda há pouco mencionadas. Múmia forjada, como a de Evita Perón, pelo mau gosto a serviço do culto ideológico.

Herói morto de uma República extinta, o defunto de Lênin, exibido em câmara ardente no centro do Kremlin, é sempre retocado e ensacado em um terno novo e no corte de cada nova moda que surja. Os banhos químicos são periódicos, como convém a um boneco bem cuidado com o luxo médio, que atinge o padrão das boas bijuterias, mas nunca o *glamour* das verdadeiras jóias. A múmia ideológica ainda cumpre um papel que evoca o corpo sem vida de *El Cid*, amarrado ao seu adestrado cavalo, inspirando como sublime espantalho seus comandados e aterrorizando os inimigos qual invencível e imortal fantasma vingador.

A conservada múmia de Lênin representa, no entanto, para a curiosidade popular, uma atração bem menor do que a exercida pelos velhos despojos do Egito. Porque os lendários faraós e a sua finada corte, envoltos em velhos trapos, já não mais despertam controvérsias políticas nem disputam o poder, vez que sua Nação desapareceu, como eles, há vários milênios, sem burlar o registro da atenta ampulheta que filtra a inesgotável areia do deserto.

Mas é bom acrescentar também que, ao contrário de Lênin, as múmias egípcias ocupam uma categoria difícil de definir, como *objetos* humanos importados da Antiguidade para a curiosidade que desperta o museu bem catalogado nos homens de hoje, famintos de excentricidades e atados ao seu saquinho de amendoim torrado ou de graúdas mas insossas pipocas americanas. Fascina, sobretudo, saber que as múmias egípcias estão cercadas de tesouros verdadeiros e acima de qualquer preço. Suponho que, até por influência do cinema, ainda haverá quem arquitete, seduzido pelo poder do tesouro e sua fama desmedida, um roubo monumental...

Os raciocínios teológicos tradicionais têm algo de cômica solenidade aos olhos dos pensadores comprometidos com a época. Suas preocupações e pronunciamentos, acoplados com perfeição às coreografias dos sacerdotes embonecados, proporcionam a dimensão de um engraçado espetáculo de revista. Mas uma radiografia atenta expõe todas as pompas e circunstâncias dessas cerimônias sofisticadas como um esforço desesperado e inútil, na vã tentativa de fazer transitar a vida real através de um punhado de fórmulas mortas.

Quando a religião ocupou o centro da sociedade, travestida de *Corpus Christianum*, como aconteceu em parte dos longos mil anos do Período Medieval, os desmandos e a ignorância atentaram contra o ser humano, no momento infeliz da História em que passaram a fustigar os hereges com a sanha da Santa Inquisição, seguida de arbítrio semelhante pelos grupos protestantes e por outras correntes religiosas. Mas é fato que, ainda em nossos dias pós-modernos, indiferentes e secularizados, embora de uma maneira mais vigiada pelo poder laico, os velhos cacoetes despontam como vampiros famintos para *vigiar e punir*, na forma da denúncia feita por Michel Foucault, quando fala dos delitos e das desumanas punições aplicadas aos transgressores. Para dizer com propriedade, as punições não são desumanas. Na verdade, apenas o ser humano usa a sua inteligência para conceber maldades monstruosas contra o seu semelhante.

O dragão da crueldade parece indestrutível.

Minha posição é incômoda e, por vezes, quase insustentável. Sinto-me, como um homem de fé, fascinado pela Teologia em suas buscas pautadas na esperança, no amor e na justiça. Sei que, em muitos momentos sombrios da História, a posição e voz de setores da Igreja se expressaram como força de resistência, tanto na Alemanha nazista quanto no Brasil, durante a camuflada violência que adveio com o Golpe de 64, para dar apenas dois exemplos.

Por outro lado, não posso deixar de subscrever as críticas que são provocadas pelo eterno e descabido namoro da religião com o dogmatismo. Porque não é possível pisar constantemente a razão e o bom senso nem se alienar com irresponsabilidade injustificada diante dos desafios que se multiplicam com a mesma velocidade vertiginosa do progresso que aturde o homem moderno com sua face tão luminosa quanto perversa.

Considere, leitor, que o ensaio que você tem em mãos não é mais do que um esboço e, no entanto, representa o meu esforço honesto para enfrentar alguns temas que merecem, assim entendo, atenção especial da Teologia.

A empreitada me instiga e fascina e a ela me entrego sem qualquer reserva nem me desviando da verdade que cruze o meu itinerário. Veja só o tamanho do desafio que me atrevo a agarrar pelos chifres. Em um livro que pretende não apenas reviver e reeditar velhas idéias, mas se arrisca a reapresentá-las, alternando a perspectiva de trinta anos atrás com a do momento atual, tenho por vezes a estranha sensação de que as cronologias não se acomodam, o que me faz então mergulhar numa espécie de surto delirante e perturbador.

É possível que, levado pelo entusiasmo, possa me mostrar atrevido ao tratar de alguns assuntos mais delicados, sem exibir a erudição dos outros tratados do gênero. Talvez sim, mas o risco tem para mim o sabor do inédito, pois esta é a primeira vez que penso sem morder a língua ou travar a voz. Estou ciente de que devo dosar o rumor das idéias, se não quiser ser acusado de estar apenas produzindo ruídos.

Se há um motivo que me leva a partilhar essas reflexões carregadas de sentimento e de busca, é justamente evidenciar que a fé não é incompatível com o exercício crítico da razão.

Estou aberto e desarmado na aventura que me propus. Não tenho também nenhuma intenção de mergulhar em uma espécie de sincretismo superficial e conciliador nem sou tocado pela ingênua pretensão de ser original.

A força transformadora das importantes verdades que de há muito vivo a perseguir, somadas à surpresa de encontrar um denominador comum para idéias que me pareciam opostas entre si à primeira vista, me emociona com a mesma intensidade provocada pelas novas descobertas, vez que verdadeiros achados para a minha existência, que agora partilho alegremente com o bondoso e atento leitor.

Assim como o poeta Augusto dos Anjos sofria com sua língua, que quedava paralítica sem expressar o que lhe sobrava na alma, reconheço que não é nada fácil expressar o que sinto ou descobri, até por causa das limitações impostas pelas palavras que envelheceram, parecendo criar um dialeto dentro da língua.

Como falar de algo novo que apenas pressinto ou intuo, através de vocábulos cansados como pontes inseguras e perigosas? Vou destacar certas palavras quando pretender um sentido especial ou particular de cada uma delas, assim como me permitirei, embora longe de qualquer sofisticação pretensiosa ou exibicionismo sem nenhuma razão de ser, um que outro neologismo.

Tenho certeza de que você, caro leitor, entenderá este meu esforço por comunicar, utilizando meios tão precários e exauridos, alguns pontos que proponho como material de estudo crítico e de reflexão.

Apenas um lembrete final. O presente ensaio não tem qualquer pretensão dogmática. Porque caso exista, como acredito, uma Verdade final e objetiva, sempre o ser humano se apropriará dessa Verdade através de sua forma subjetiva de ser e de pensar. Impor, sob qualquer circunstância, a interpretação que logra partejar de uma determinada *verdade*, seria sempre um ato de violência.

Espero que o leitor não entenda o meu raciocínio como um perigoso subjetivismo, mas a maneira única que encontro de reconhecer e respeitar a riqueza das verdades que perseguem, sem imorais compromissos, um maior e melhor conhecimento do homem, do mundo e de Deus.

1

AS ASAS DA TEOLOGIA

Os que esperam no Senhor... subirão como águias até as alturas, como a bíblia nos diz. Mas, com muita freqüência, são as asas da Teologia que estão quebradas... E então não se voa, mas se esborracha ou se embarafusta chão adentro.

Pastores anglicanos serão expulsos de sua Igreja porque não crêem em Deus. Esta notícia foi estampada nos jornais já faz algum tempo. E o corpo da matéria elucidava que os clérigos, de fato, criam na existência de Deus, mas apenas no coração do ser humano.

Depois de ler a notícia, fiquei matutando se o problema seria resolvido, na proporção em que os pastores mencionassem o Céu como o lugar de Deus. Ou seria melhor dizer sua prisão? Qual o erro de assegurar que ele habita o coração humano? Até que dizer Céu fica ainda muito mais vago. Ou não? Afinal, qual o endereço do Céu? E o e-mail de Deus?

É triste a esclerose de uma pessoa, mas quando as instituições caducam, a situação torna-se trágica, como se conclui da notícia dada logo acima. Não entendo por que acender as fogueiras da Inquisição por motivo tão fútil. Afinal, pouco antes, os teólogos da morte de Deus prestaram um bom serviço ao pensamento religioso, ao alimentar o saudável debate que deveria ter acontecido desde a oportuna provocação do filósofo Nietzsche.

Mas os problemas já foram piores.

Soa como redonda mentira, nos dias de hoje, ouvir falar que homens revestidos de autoridade e respeito social, títulos e reputação acima de qualquer suspeita ainda assim usassem seu precioso tempo em colóquios ou participando de conclaves que centralizavam questões como as que eu menciono a seguir:

Qual é o sexo dos anjos? Que temperatura tem o inferno? O que acontece ao rato que roer uma hóstia? A mulher formada de uma costela curva de Adão poderá vir a ser reta em sua vida moral e espiritual?

Você diria que indagações desse nível, lembrando o humorismo sem compromisso de tolas anedotas, não merecem ser consideradas, mesmo que levemos em conta limitações de um tipo específico de mentalidade social, como parte legítima de alguma reflexão teológica séria? Pois é. O fato histórico é que, em tempos recuados, muitos avaliaram como se, de verdade, fossem.

Se alguém cuida que pode saber o que é Teologia e chegar ao seu conceito, apenas fundamentado na etimologia da palavra, concluirá, de modo superficial, que ela se resume ao estudo ou à *Ciência de Deus*. Dispondo de uma outra maneira, é a pesquisa sistemática da divindade e seus atributos. Para ser franco, este é um conceito que, como tantos outros, não diz absolutamente nada.

A imagem tola que me acode, por sinal, é a do próprio Deus, com barbas imensas e um certo ar de quem está tomado de tédio, ao ser examinado por teólogos sisudos, numa insólita aula de Anatomia.

Dentro da História *Cristã*, porém, a Teologia tem algumas conotações próprias vinculadas, como se sabe, a determinados contextos específicos.

Em tempos passados se resumiu, como já mencionei, à investigação ridícula da temperatura que teria o inferno, analisou com gravidade cômica os diferentes tipos de pecado e perdeu-se em debates que abusavam do próprio absurdo, ao discutir quantos anjos caberiam na cabeça de um alfinete ou o que poderia suceder ao rato que roesse casualmente uma hóstia. Mais grave e espantoso ainda é, no entanto, o livro dos teólogos alemães Kraemer e Sprenger, datado de 1584, *Maleos Maleficarum, O Martelo das Feiticeiras*.

É verdade que os aspectos folclóricos perdem toda essa graça que fatos despropositados provocam no homem pós-moderno, quando se acrescenta que, para impor especulações desse nível, se legitimou a sanha cruel de perseguição e repressão contra quem preferisse um caminho mais sério ou apenas rejeitasse o cabresto e a bitola estreita de dogmas impostos pela força de coação arbitrária e sob a ameaça das fogueiras intimidadoras da Inquisição, que iluminaram tragicamente alguns países da velha Europa. No caso do *Maleos*, significou uma espécie de manual, que oferecia todo o absurdo processo penal a que hereges e possessos pelo diabo deveriam ser submetidos.

Se o acusado resistisse à tortura do interrogatório, sua satânica força deveria, por isso, ser punida com a fogueira. E se confessasse, era tido como culpado confesso e assim mereceria igual destino.

Se correr, o bicho pega; se ficar, o bicho come.

Só para mencionar as vítimas femininas, sabe-se que totalizam 70% de todas as vítimas. Ou mais. Joana D'Arc, como você então descobre, nunca esteve sozinha neste quase genocídio feminino. Muitas vítimas eram doentes mentais, mas havia também as que tinham nível de inteligência superior, enquanto outras conheciam a medicina caseira e as artes da culinária. Eram visadas também as parteiras, sob a suspeita infundada de que consagravam às artimanhas e estripulias do demônio os recém-nascidos, assim como, sobretudo, eram malvistas gratuitamente todas aquelas mulheres que se destacassem pela beleza física e acentuada sensualidade ou demonstrassem ter, para os avaliadores mesquinhos, invejosos e lascivos, qualquer evidência de uma vida sexual ativa, vale dizer, saudável.

Nos dias que correm, a Teologia presta-se com freqüência ao exercício de abstrações intelectuais das mais sofisticadas, como se o teólogo quisesse demonstrar que domina com desenvoltura os conhecimentos do Universo porque sabe manipular um calidoscópio infantil. Certo livro pretende provar, por exemplo, que a carta de Paulo aos efésios não poderia ser de autoria deste apóstolo, simplesmente porque não menciona a consumação dos tempos, que merece ênfase especial na epístola aos tessalonicenses, como se Paulo precisasse destacar em todas as suas cartas temas escatológicos, transformando essa repetição em uma espécie de impressão digital ou a firma reconhecida e autenticada do apóstolo Paulo de Tarso.

Entendo o esforço erudito do comentarista em questão, mas pergunto ao leitor se não lhe sobra também incômoda sensação de que estamos em face de alguém que não sabe mais o que fazer com todo o seu tempo e, num patamar culto e sofisticado, volta à investigação medieval, tão preocupada com tudo aquilo que se refere exatamente a nada. Afinal, a cabeça parece habilitada para algo mais importante do que se submeter apenas às *escovas progressivas*, que atualmente desfrutam os seus minutos de fama na moda feminina.

É preciso reconhecer que felizmente alguns teólogos cristãos da atualidade conseguem conceber a Teologia como um verdadeiro e dinâmico diálogo do ser humano com o Deus que inspira e promove, por sua vez, o necessário relacionamento dos homens entre si, com resultados libertadores. Uma Teologia conseqüente. Pés bem plantados no chão desafiador da velha terra de todos nós, como fazia o Cristo que, por isso mesmo, praticava o lava-pés. Mas uma Teologia que também possa voar, como as águias familiarizadas com as maiores altitudes, num vigoroso e alvoroçado rumor de asas. Teologia livre para sonhar e conceder autonomia aos seus olhos perscrutadores, que se seduzem, por inevitável, e se enamoram para sempre, perdendo-se de amor em face do brilho provocante das estrelas, essas nossas enormes irmãs universais...

Parece-me pacífico o reconhecimento de que esta compreensão do fazer teológico já é mais satisfatória e amadurecida, na avaliação de apreciações exigentes e críticas.

A Teologia carece mesmo de um olhar sensível e investigador, assim como deve levar o teólogo e os destinatários de sua reflexão a um exercício pleno de compaixão, como possui o Deus a quem ela serve. E como o Eterno, não pode ter também ouvidos moucos. Afinal, estas são palavras atribuídas na bíblia à divina e amorosa sensibilidade:

Ouvi o clamor do meu povo.

No pequeno-grande livro *Crônica de uma morte anunciada,* de Gabriel García Márquez, a palavra que caracteriza o comportamento dos que povoam esse conto perfeito é *imobilismo.*

Santiago Nazar vai ser assassinado. Toda a cidade sabe, mas ninguém faz nada para impedir o crime. A absoluta falta de generosidade e de amor paralisa uma população inteira. E ninguém assume responsabilidade nem sente que o crime arquitetado seja um assunto que lhe diga respeito.

O diagnóstico de Carlyle parece-me perfeito para casos assim:

A maior falta é estar consciente de possuir nenhuma.

Situações desse tipo mobilizam o teólogo, que não pode deixar de refletir sobre as injustiças sociais e de indicar caminhos de libertação, de luta e de resistência a tudo que atente contra o ser humano. Deve, sobretudo, enfrentar os desvios sociais com o discernimento de Maurice Maeterlinck, que é como uma seta lançada com perfeição para cravar-se, infalível e certeira, na mosca da mosca:

Os que sabem nada sabem se não possuem a força do amor, porque o verdadeiro sábio não é o que vê, mas o que, vendo mais longe, ama com mais profundidade. Ver sem amor é olhar nas trevas.

Assim entenderam os grupos que levantaram e se opuseram contra a impiedade e o arbítrio no Brasil, onde os Atos Institucionais engavetaram a Constituição, instalando a ditadura nos escombros da Democracia estuprada com violência. E também aqueles que combateram os crimes perpetrados pela Alemanha hitlerista contra judeus, ciganos, Testemunhas de Jeová e todos os demais divergentes que ousaram, num rasgo de coragem, afrontar e confrontar-se com o regime nazista, em ações muitas vezes suicidas.

Mussolini, a essa altura, já havia sido assassinado pela fúria do povo e com os requintes da crueldade incontrolável nas revanches e vinganças populares. Mas o Japão só se rendeu depois da monstruosa destruição atômica de Hiroxima e Nagazaki. E os vencedores escreveram a sua versão, nem sempre fiel, da História. Do jeito como bem quiseram. Aliás, como de resto sempre acontece. Basta examinar como eram urdidas as mentiras históricas no Egito antigo de fantásticas pirâmides, múmias e faraós. E mesmo nesses parcos quinhentos anos de Brasil.

Einstein disse certa vez aos universitários de Princeton que, quando o Nazismo chegou ao poder na Alemanha, julgou que os intelectuais se oporiam a Hitler. Mas essa elite terminou por acatar o ditador. Basta dizer que mesmo um filósofo da estatura de Martin Heidegger filiou-se ao Partido Nazista em sua juventude. Outros segmentos sociais importantes e partidos políticos diversos também capitularam. E Einstein testemunhou que apenas corajosos grupos cristãos se opuseram a Adolf Hitler.

O pastor e teólogo alemão Dietrich Bonhoeffer foi enforcado pela Gestapo, apenas uma semana antes do fim sangrento da Segunda Guerra Mundial, porque se afastou da vida piedosa e litúrgica que levava, quase um monge protestante, na linha dos religiosos de Tezé, e fez parte de um complô que tentou matar o ditador mais sinistro e nocivo do século XX, um homem histriônico mas capaz de impor seu embuste e seus crimes a um país culto como a Alemanha, façanha impensável mesmo para os mais pessimistas.

Não sei se você tem a mesma experiência, mas eu noto que, cada vez mais, os cristãos se comprometem com o século, buscando soluções de justiça e de paz social. O religioso consciente abandonou o insuportável perfil do fanático retratado por Josué Montelo no romance *Os Degraus do Paraíso*. Também cai em descrédito a imagem do imbecil pomposo e do engraçadinho que transforma os cultos protestantes em deslocados espetáculos que poderiam ser apropriados apenas a um circo de cavalinhos. O religioso – padre, rabino, pastor, outras lideranças e os leigos – começa a enfrentar com sensibilidade e coragem os problemas sociais. Sua linguagem é viva e a atuação, decisiva. Afinal, o religioso não pode ser um bobo alegre nem algum tipo de extraterrestre. Não é positivamente o homem que se empenha por zerar, em nome da fé, o seu QI.

O teólogo deve ainda dar voz ao homem que vive esmagado pela maquinaria implacável do cotidiano social. Criaturas que são desumanizadas, como o personagem do romance de Kafka, que se reduz à dimensão de um inseto, uma barata.

Deve ainda conceder ênfase maior à vida após o nascimento do que outra e qualquer especulação sobre o que nos sucede depois da morte. Sua reflexão se concentra mais no pão, no salário mínimo, no direito à educação, saúde, moradia e no equilíbrio ético do comportamento, que no milênio apocalíptico ou no Céu.

E sua voz se levanta e motiva a resistência contra a destruição ecológica face à poluição com tantas facetas como as garras de um câncer, à chuva ácida, à tragédia da desertificação, à poluição da terra, à destruição da camada de ozônio, ao aquecimento das calotas polares, ao extermínio diário e irreversível de espécies vegetais e animais... Tudo isso poderia ser considerado o fim de nosso mundo!

A palavra pastoral e profética do teólogo se alteia contra os que violentam os direitos do ser humano e que são os criminosos responsáveis pelo genocídio de nossos índios, o assassinato de minorias indefesas e o extermínio de crianças que povoam as ruas e praças dos grandes centros. Hoje marginalizados, os sobreviventes são tornados amanhã perigosos marginais. E quem é o verdadeiro delinquente, quem é o perigoso bandido?

Acredito que a Teologia precisa ainda repudiar os dogmas inquestionáveis que roubam a criatividade da fé e o discurso crítico do ser humano. Porque, mesmo aceitando a existência da Verdade última e objetiva, é preciso sensibilidade e discernimento para reconhecer que nunca dela ninguém se apropria como um assalto de conquista nem pode considerar-se seu amo.

Sempre que levamos em conta que, para Einstein, o Universo é finito, mas se encontra em contínuos espasmos de expansão, e se também aceitamos as conclusões de Darwin, de que o próprio ser humano está mergulhado num incessante processo de evolução, temos de concluir que a referida Verdade é então o aceno que provoca uma busca incessante e apaixonada, e nunca a presa de uma caçada bem-sucedida ou posse definitiva de homem nenhum.

Não me sobram dúvidas de que a Teologia tem de montar severa guarda crítica às instituições. Porque o Contrato Social, que foi teorizado por Rousseau, Locke, Hobbes e outros tantos, é positivo apenas enquanto amplia o potencial humano e constrói o animal da Pólis, no jargão utilizado por Aristóteles.

Por outro lado, embora a sociedade organizada castre boa parte de nossa liberdade pessoal, é muito perigoso e delicado formular restrições radicais contra o Estado e suas importantes instituições. Herbert Marcuse, no auge de imensa popularidade por causa de sua inteligente síntese que amalgamava, de certa forma, o pensamento de Freud e Marx, ele próprio não se aventurou a defender a abolição da Universidade exigida pelos afoitos estudantes franceses, na década de 1960. E Marcuse argumentou que suprimir a Universidade equivaleria a serrar as pernas da cadeira em que nos sentamos, até porque só atingimos o requinte crítico aplicado às instituições e ao que mais se fizer necessário, quando estimulados pela reflexão mais cônscia da Academia.

Cabe também à Teologia levar o homem a libertar-se da estreita visão eclesiástica, que faz da religião um quisto no corpo social, e privilegiar a fé secularizada ou a sagração do mundo como um todo, ou seja, ver a Vida como o único sacramento aos olhos de Deus e libertar-se de vez dessa miúda mentalidade de sacristia.

Guardo a convicção de que, em circunstâncias especiais, a Teologia possa fazer concessões. Não é o que estabelece a *ética contextual* ou *de situação*, formulada por Paul Lehmann? Acho mesmo cabível entender, dentro de limites, que os fins justificam os meios e que a casuística nem sempre deve ser eticamente proscrita.

E exemplifico para que não fique vago.

Você, prezado leitor, julgaria como erro ou mentira negar à Gestapo que está escondendo um fugitivo da sanha nazista, em algum lugar de sua casa?

Na mesma linha, cabe à Teologia lançar toda a luz possível ao que podemos chamar de suspensão da moralidade. Porque em nosso mundo caótico temos, com freqüência, de fazer a *escolha de Sofia*. Isto é, agirmos no vácuo absoluto das leis e na falta de uma prévia *jurisprudência*. Ou até mesmo nos conceder o direito de contrariar as mais sérias interdições sacramentadas pela sociedade, como fez na bíblia a rainha Éster, quando se recusou a ser uma espécie de bibelô na corte do poderoso rei Assuero, que a escolhera como esposa num fútil e reducionista concurso de beleza:

Irei ter com o rei, ainda que seja contra a lei. E se tenho de perecer, que pereça!

Mas não pereceu. Participou, antes, da libertação de seu povo. A propósito, o livro de Éster é um texto secularizado. Não menciona uma única vez sequer o nome de Deus, como se o ser humano, agindo com elevação, se confundisse com o próprio Deus, que atua através de sua sensibilidade.

A suspensão da coerção legal e da moralidade provoca sempre muito temor e tremor, na avaliação bíblica.

Kierkegaard analisa o episódio dessa suspensão focalizando Abraão, *o pai da fé*, não apenas como um objeto de fria pesquisa, mas mergulhando de corpo e alma no drama do patriarca, em momento de percuciente crise, quando Abraão se sente obrigado, pelo próprio Deus, a oferecer-lhe a vida de seu filho Isaque, em absurdo e monstruoso sacrifício humano.

Tratava-se de verdadeira e dramática ruptura com a natureza cultural que fazia sangrar as vísceras de Abraão, pois eu estou certo que, mais doloroso do que sofrer interdições da sociedade, é abrir mão, de forma abrupta, da Cultura responsável por nossa identidade e pelo que somos ou nos fazemos, a partir do momento em que nos tornamos filhos do Contrato Social.

Não deve, de igual modo, estar fora da pauta prática da Teologia a denúncia do comércio religioso, do charlatanismo, dos pastores eletrônicos, dos falsos milagres. Esclarecer o povo sobre a verdade dos exorcismos históricos e teatrais, como fazem o psiquiatra João Carvalhal Ribas, o teólogo holandês Herbert Van Den Heuvel, o padre parapsicólogo Oscar Quevedo e o escritor americano Gore Vidal. Por que, afinal, calar-se diante de caminhos tão tortos quanto fantasiosos?

Não entendo por que um tipo de homem religioso parece preferir o engodo, insistindo nesse leviano desprezo pelas conquistas científicas, frutos de luta e dedicação de abnegados estudiosos que trabalham com a mais absoluta seriedade e até com o heróico sacrifício da própria vida. A nossa velha bíblia recomenda a todos os alienados da História:

Desperta, ó tu que dormes, levanta-te no meio dos mortos...

Afinal, que demônio resiste a uma boa dose de Haldol acoplada à química conveniente do Fenergam?

É preciso coragem para não mais adubar as flores fenecidas, mesmo porque a alternativa é tornar-se um trágico jardineiro demente ou converter-se numa espécie de coágulo inassimilável dentro do aperfeiçoado sistema de rápida circulação de bens culturais e outros valores da sociedade pós-moderna.

Cristianismo e Cristandade são realidades que precisam ser distinguidas. O Cristianismo tem o batismo da pureza e verdade de Jesus, enquanto a Cristandade é o conjunto de instituições que nascem do Cristianismo, mas carregam todas as deformações geradas pelos equívocos humanos, até o momento em que se podem tornar forças espúrias e prejudiciais.

É comum que o religioso se comporte como um beato inconsciente em seu orgulho injustificado. Aprecia a História da Igreja sem qualquer espírito crítico. E diz:

A religião cristã já tem dois mil anos, e isto me prova muito mais do que preciso.

Depois afronta:

A velha religião é boa o suficiente para mim.

Creio que os dois milênios da Cristandade não deveriam ser apenas festejados, mas também ocasião de autocrítica e de *mea culpa*. Por outro lado, ninguém pode ignorar que no Egito antigo, para citar apenas um exemplo notável, o culto solar foi durante vinte séculos o rito oficial da monarquia faraônica. E isto não é simples opinião de franco-atirador, mas fato científico comprovado por pesquisa arqueológica e assentado em inúmeros documentos históricos, com autenticidade reconhecida pelos especialistas.

Dois mil anos, dentro da perspectiva histórica, significam na verdade muito pouco tempo. E ainda mais. Apenas o número de anos em que vive e exerce sua influência não é suficiente para provar a veracidade de um Credo qualquer.

É preciso reconhecer que a Cristandade já escreveu com sua *práxis* muitas páginas escuras e constrangedoras e nem sempre contribuiu como devia para o equilíbrio do mundo. Em pleno terceiro milênio, insiste em impor um catecismo de vela-de-sebo. Esconde, como avestruz, a cabeça na areia, sem resolver, com descortino, problemas simples mas urgentes, pelo sofrimento que causam, como o vínculo do casamento, considerado indissolúvel por muitos. Ou o prosaico, embora necessário, uso de camisinha, quando o mundo vive uma trágica epidemia de Aids. Walter Kaufmann inventou uma palavra para expressar esse estranho tipo de comportamento: *decidofobia,* o medo de assumir as necessárias decisões.

Em uma sociedade que faz opção pela seriedade da Ciência, existem sacerdotes que saracoteiam diante das massas para *ganhar* os mais jovens, enquanto outros clérigos apregoam que as imagens de seus templos estão, por motivo que nenhuma pessoa sensata consegue atinar, chorando ou vertendo sangue. Ou exibem em enfermos mentalmente prejudicados os estigmas do Cristo. Apregoam que certos caminhos, como os de Jerusalém, de Roma ou o de São Tiago de Compostela, quando percorridos com piedade, trazem revelações e resultados miraculosos.

Oferecem ao mundo secularizado o melancólico espetáculo da proteção paternalista, que vai do reducionismo, que nivela o povo que crê à condição de rebanho, ao fortalecimento da infeliz idéia de um poderoso e infalível papai que contribui para perpetuar, sem sensibilidade maior, o infantilismo da fé comunitária.

E já não basta um Papai Noel?

Ainda mais, meu Deus! Legitimam o desfile de histórias fantásticas baseadas em uma leitura equivocada da bíblia, como abusam particularmente os protestantes. Autorizam a coreografia dos sacramentos para extasiar o povo, em perigosa identificação com o *show business*. Toleram o culto de imagens e ícones ou a adoração da bíblia, a começar do livro, num clima de acentuada superstição. Fazem vistas grossas ao sentimento de culpa e à absurda maceração do corpo e a tanto engodo dos pastores eletrônicos.

Mas é preciso reconhecer, num compromisso honesto com a verdade, que todas as correntes que se originaram do Cristianismo se comprometeram e ainda se comprometem com perigosos equívocos desse tipo.

Uma verdadeira *Teologia da bobice* ou, o que é pior, *da fraude*.

Um profundo desgosto.

Ficam, enquanto isso, sem respostas as verdadeiras questões do ser humano desafiado nas esquinas da existência pela atrevida e perversa esfinge do progresso. Ou por essa amargura de gerações mais recentes que repetem o velho pessimismo de Vigil, filósofo uruguaio:

O ano tem 365 angústias, o dia tem 24 desencantos e a hora, 60 aflições.

Você já observou o travo de melancolia presente em muitas poesias geniais de Chico Buarque de Holanda? E a imensa tristeza esparramada nos próprios sambas e marchas de Carnaval?

Resta, porém, a esperança. Se, por um lado, o apóstolo Paulo assegura textualmente que a esperança permanecerá, vem do Velho Testamento o aceno do salmista garantindo aos que esperam no Senhor a renovação de suas forças. E Garaudy conclui, com a paixão inegável presente em tudo quanto ele faz e é:

Jesus abriu uma brecha no horizonte dos homens. Não foi nenhum filósofo nem um tribuno. Mas viveu de tal maneira, que toda a sua vida significa a possibilidade de cada um de nós começar a todo instante um futuro novo.

Mesmo na quarta-feira de cinzas, a marcha-rancho de Paulinho Soledade insiste que insiste:

Vê que estão voltando as flores,
vê essa manhã tão linda,
vê como é bonita a vida,
vê, há esperança ainda...

E para o mundo escuro, violento e injusto que o ser humano ainda não aprendeu a administrar, Jacques Bergier e Louis Pawells asseveram:

Nem só de pão vivem os homens mas até agora nossa civilização não se mostrou capaz de fornecê-lo a todos. À medida que o progresso puder conceder aos homens cada vez mais tréguas na luta vital, a procura do terceiro estado de vigília e de hiperlucidez sobrepujará as outras aspirações. A possibilidade de participar dessa procura será finalmente reconhecida como um dos direitos do homem. A próxima revolução deverá ser psicológica.

Depois de corresponder às emergências da vida social trepidante e até esquizofrênica, e de permanente sensibilidade no trato dos problemas sociais, creio que o teólogo pode entender a recomendação bíblica:

Amplia a sua tenda, mas firma com zelo a sustentação do lugar onde você habita.

Seu horizonte é alargado e nessas alturas deixa de existir qualquer inconveniente em relação ao exercício especulativo, que pode mesmo tornar-se desejável.

A Teologia, sem perder a sua sustentação e os fundamentos já esboçados, distende então livremente o seu olhar. E reflete sobre o ganho de aproximar a mentalidade ocidental, pragmática e capaz de fazer abstrações também no fértil terreno religioso, da profunda sabedoria do Oriente, mais concreta em suas figuras de linguagem, embora possa gerar uma espantosa e constrangedora espiritualidade desencarnada.

Trata-se de uma síntese necessária ao nosso mundo de tamanhas carências em suas buscas e concepções espirituais mais abrangentes, avaliadas no entanto pelos que apenas têm apreço pelas conquistas práticas e relacionadas ao sucesso imediato, com solene desprezo ou absoluta indiferença pela busca de equilibrada referência ética e de mais séria escala de valores.

E faço minha a observação sensível de Bernard Shaw:

A indiferença é pior do que o ódio, porque a essência da desumanidade.

Quero confessar que me seduz e fascina, mas também me assusta, a mística cósmica oriental, assim como o *aqui e agora* do Ocidente.

Sinto uma espécie de vertigem temerosa em face do convite para o mergulho no Deus do Budismo, que ameaça dissolver minhas fronteiras e a própria identidade.

A concepção espiritual do Ocidente me oferece a segurança explícita, quando me municia de alguns pontos de apoio concreto, embora não consiga proporcionar-me mais do que um horizonte raso nem estimular ou mesmo respeitar em mim as prementes especulações que nascem da alma, as eternas indagações de fundo e o necessário – e em certos momentos, exclusivo – comprometimento absoluto com o futuro.

Karl Marx fez uma crítica pertinente quando de sua conhecida afirmação com sabor de aforismo:

Os filósofos nada mais fizeram do que interpretar o mundo de diversas maneiras. O importante é a sua transformação.

É uma face da verdade apenas. Porque não se transforma o mundo sem antes interpretá-lo. Da mesma forma, quando Jesus afirmou que nem só de pão viveria o homem, sabia que sem pão ele também não subsistiria. Este, o significado da multiplicação dos pães e de sua ordem categórica:

Dêem vocês de comer ao povo faminto.

A Inteligência de que está impregnado o Universo tem um nome e impõe sua ordem: o ciclo dos dias e das noites, da vida e da morte, as mutações genéticas, o salto sem precedente do genoma humano decifrado, a lógica do cromossomo e da galáxia, o mistério dos cataclismos e das guerras, o paradoxo entre o retardado e o gênio, o idealista e o criminoso, a virtude e o vício, o jejum e a gula, o tufão e a brisa. E nós então sentimos, atordoados, que o nosso conhecimento é curto. Já é uma façanha entender, como Sócrates, que sabemos nada saber...

Uma *revelação* maior se fará para todos os que se prepararem. A promessa divina é clara em diversos momentos da História, mas chega acompanhada de importante advertência:

Santifiquem-se porque amanhã farei maravilhas no meio de vocês.

De qualquer jeito as maravilhas serão feitas, mas só participará quem estiver preparado.

Paul Tillich nos fala que muitas vezes a pessoa não religiosa consegue mais do que os religiosos formais essa coragem de ser diante do não-ser; vive com coragem inabalável o destino e a morte, a culpa e a condenação, e as crises que podem nos mostrar a vida sem sentido ou significado. Talvez por isso mesmo Jesus nos tenha advertido sem nenhum sorriso superficial:

Nem todo o que me diz Senhor, Senhor, entrará no Reino dos Céus, mas o que faz a vontade do Pai que está no Céu.

Mário Vargas Llosa, em *Conversa na Catedral*, fala através do seu personagem:

Porque no bordel você está mais perto da realidade do que no convento.

Mas Jesus é bem mais contundente, quando diz aos escribas e fariseus:

As prostitutas chegarão ao meu Reino antes de vocês, escribas e fariseus hipócritas.

Essa verdade fica clara no cotejo de dois importantes livros.

William Falkner, prêmio Nobel de Literatura em 1949, no seu forte e belo livro *Luz em Agosto*, descreve preconceitos e até linchamentos misturados, como impossível coquetel, à vida religiosa. Por seu turno, o nosso Jorge Amado, em *Tieta do Agreste*, retrata a prostituta generosa, capaz de lutar pela paz em sua cidade. Paulo garante que nenhuma façanha religiosa tem qualquer significado sem amor. E Santo Agostinho surpreende, quando afirma:

Ame e faça o que quiser.

Se eu tivesse fôlego para tanto, convenceria a Igreja a que adotasse, ao lado de outros símbolos expressivos, como a cruz e o peixe, ainda mais um que trouxesse a inspiração do beija-flor. Porque o beija-flor é capaz de bater suas delicadas asas noventa vezes por segundo. Apesar do aspecto frágil, ele enfrenta e vence distâncias superiores a oitocentos quilômetros, sem escalas e interrupções. Ao pesquisarem o segredo de sua extraordinária força e energia, os cientistas constataram que o beija-flor concentra sessenta por cento de seu peso no coração. Ele não é apenas uma ave de rara beleza que parece destacar as flores esparramadas pela vida, mas se impõe, entre tudo que conhecemos neste mundo, como verdadeira obra-prima da Natureza:

O beija-flor é um coração que voa...

Quando Ernesto *Che* Guevara morreu pela absoluta consagração à sua Causa, lembro-me de que registrei, emocionado:

Eu te invejo porque pensei um dia ser cristão,
enquanto tu pensavas que não eras...

Já em nossos dias é possível constatar que a mente do ser humano evoluiu, aproximando-se do Incognoscível.

Quem sabe, se não apenas acima de tudo, mas também em alguma parte de nosso próprio cérebro, encontraremos respostas às indagações angustiantes que nos fustigam?

O *conhece-te a ti mesmo,* na verdade, ainda nem começou, em todos os sentidos da expressão. Nos dias mais remotos, se resumia ao conselho de Apolo, no templo de Delfos:

Lembra-te de que tu és apenas um ser humano.

Mas no tempo de Sócrates já significava a advertência para que o homem aceitasse, com alegria e nunca tomado de desespero, a sua condição humana.

A humanidade mal ultrapassou uma *infância* interminável e dá passos afoitos e atrevidos em sua *adolescência* constrangedora ou desfruta o equilíbrio mais estável da *juventude*, que tem o sabor, as cores e a música da primavera.

Mas existe uma pequena parte, mais *adulta* e no caminho certo do amadurecimento, que reflete e medita em silêncio respeitoso. Guardo comigo, à semelhança de Maria no Evangelho, que essa pequena parte se multiplicará e o ser humano entrará, enfim, no reino do milagre!

Ainda ontem aprendemos com Freud o funcionamento da mente, mas, mesmo hoje, noventa por cento do cérebro continuam como continentes desconhecidos.

Nosso aparelho psíquico apenas começa a ser explorado e os cientistas apaixonados pelas possibilidades do cérebro, como os desvairados navegadores do passado ou os astronautas atuais, buscam sem descanso a localização exata do processo de consciência.

Há uma relação de busca entre esses homens de saber, as antenas gigantescas, naves espaciais e sondas interplanetárias, na tarefa de farejar, com sensibilidade e acuidade atilada, a existência de vida inteligente fora da Terra.

Mas onde tudo isso se conectaria com as pesquisas parapsicológicas e com o Deus que não se aprisiona num Céu estático, como um tolhido pássaro de gaiola?

Quem sabe se muitos de nós não morreremos sem participar do mundo já antevisto há tanto tempo pelos ficcionistas, com uma verdadeira revolução que virará a Terra de pernas para o ar, se houver, como eu espero, o encontro do ser humano com vidas inteligentes de outros recantos do Universo?

Será o maior acontecimento, depois do nascimento das grandes correntes religiosas e o Natal de Jesus, que dividiu a História e trouxe uma grande estrela para a vida dos homens.

As esperadas e inevitáveis revelações que advirão de nosso encontro com os visitantes alienígenas deverão produzir os resultados mais imprevisíveis. Formidáveis.

Quais serão as nossas convergências e incompatibilidades? Existirá alguma sorte de modelo religioso surgido sem nenhum contato conosco? Os visitantes virão em missão de paz? Querem cooperar com as carências da Terra ou buscam nosso socorro?

Este encontro poderá se tornar o marco de um horizonte esclarecedor e a radiante aurora da fé em dimensões cósmicas. Mas assusta pensar no desastre cercando tal *contato imediato*, que então se converteria na maior crise do mundo, desembocando na grande e imprevisível noite do espírito, o que meu coração me diz que é impossível, ou pede ao bom Deus que nos livre e guarde desse infortúnio.

De qualquer forma, a vida em nossa velha Terra jamais voltaria a ser a mesma.

2

DEUS FORA DO ESPELHO

> *O homem procura ver o divino rosto no espelho em que também se mira, e não se adverte que a imagem da Divindade se embaralha à sua no espaço espelhado. Essa é a origem de muitas distorções em nossa compreensão de Deus...*

Eu vi a face de Deus.

O meu maior sonho de adolescente, alimentado por uma leitura infantil da bíblia, era o de poder dizer a primeira frase deste capítulo, e assim reproduzir, num sentido literal, a experiência do jovem profeta Isaías:

Eu vi o Senhor.

O tempo passou e entendi, com a luz outonal da maturidade, que ver a Deus não significa ter dele tão somente uma visão corpórea. O próprio Jesus se preocupou de tornar muito claro:

Deus é espírito e assim deve ser adorado espiritualmente.

Como o patriarca Jacó, fui marcado por muitas experiências existenciais que me tornaram mais amadurecido, a ponto de sentir-me capaz de também reconhecer, com a mais profunda convicção:

Deus estava aqui e eu não sabia.

De qualquer maneira, acredito que nenhuma questão está tão determinada em minha vida quanto esta: eu sou um homem *condenado* a crer em Deus. Com ou sem visões especiais. E me alegro por ser predestinado para que seja assim.

Quanto a isto, em grande parte, estou pacificado.

Não sei determinar com precisão quando fui dominado pelo absurdo racional de crer em Deus e rejeitei o outro absurdo para a razão, nem maior ou menor, de considerar-me ateu. Sentia e ainda sinto absoluta impotência para provar a existência divina, mas por uma série de motivos, alguns de ordem psicológica, via-me e hoje também me vejo incapaz de negá-la. Não me bastou o desencanto institucional e o abandono de todo um comportamento ingênuo com relação à religião e os religiosos, para que me reconhecesse na pele de um descrente total.

Confesso que cheguei a lutar para abandonar a vida religiosa. Cortar as raízes da teimosa fé que se esparramava em minha alma como o sangue trafega no corpo conhecido que carrego e que sou, através da complexa malha de vasos sanguíneos de todos os calibres e até dos delicados, mas penetrantes, tubos capilares que me marcam com misteriosos desenhos na carne envelhecida, que já trai as minhas melhores expectativas.

Imagino que talvez o ateísmo me fosse até mais cômodo e coerente com certo modismo intelectual, mas os vínculos que me prendem à esfera da fé são insuperáveis e se instalam além dos argumentos racionais que ricocheteiam em meu cérebro, embora não se aninhem em meu coração, como vim a saber depois de superadas tantas crises pessoais.

Esta foi minha primeira descoberta. De um ponto de vista exclusivamente racional, crer ou não crer em Deus são dois absurdos que se igualam. Os argumentos para provar a existência divina são precários e a tentativa de negá-la desmorona por inconsistente e ainda exibe quase sempre a arrogância daquele que argumenta como quem pontifica com empáfia e no mesmo tom exagerado do religioso sem autocrítica, que parece apenas preocupado em fazer compulsivamente prosélitos de sua fé.

Afinal, fiéis e ateus são igualmente dogmáticos em seus opostos pontos de vista e discutem como se fossem absolutos senhores da verdade, investidos de sua própria e absoluta pretensão. É um espetáculo deprimente e de mau gosto assistir às altercações dessas ferrenhas pessoas que lidam com temas espirituais, como se terçassem em torno de teorias e cálculos da alta Matemática. Fico imaginando como é possível que gostem assim de polêmicas tão intragáveis e até cheguem a provocá-las. Estou fora disso.

Mas o fato é que eu deveria ser mesmo, como disse mais acima, um desses predestinados para crer, porque o absurdo da fé encontrava toda a ressonância em mim e me invadia e fisgava com a eficiência de um aguçado e poderoso anzol que me ultrapassava as tripas insaciáveis como lorpas, para aprisionar-me à própria alma, na sua aparente quietude silenciosa.

Levou ainda algum tempo antes que eu concluísse como um dado pacífico e inquestionável que o ateu absoluto não existe.

O ser humano indaga até por compulsão, pesquisa, formula hipóteses e crê. A negação radical de Deus implica, com a rigidez de uma regra sem exceções, a simultânea aceitação de outros deuses para preencher o incômodo vazio que então se faz no espírito humano. E essa surda sensação vem sempre acompanhada do rascante sentimento de que ele se encontra incompleto e em desamparo, restando-lhe, se é que algo ainda lhe sobre, o asilo dos atapetados divãs maternais dos analistas.

O homem então depara com novo templo, novo altar, novo sacerdote e uma nova liturgia. E tenta sem sucesso exorcizar, com outros ritos semelhantes aos que ele já conhece, a sua velha e renitente culpa. Quer expurgar igualmente as crenças nebulosas e confusas que herdou e arquivou com enfado, como estava habituado a tratar com trastes e inutilidades. E tomar urgente consciência daqueles comportamentos que funcionam como matrizes de sua forma atual de agir.

Mas esse imenso fardo se mostra, no entanto, mais poderoso do que todos os exorcismos que ele já experimentou com muito sofrimento, dor e ausência de bons resultados, tanto no velho quanto no novo culto. E o homem percebe, desanimado, que Ciência e Religião quedam empatadas neste estéril confronto que não produz a alegria de um único gol: 0 x 0.

Como você sabe, os fenômenos que comportam uma análise estritamente lógica e racional, do tipo 2 + 2 = 4 ou H2O = água, ocupam uma faixa insignificante dentro das ambições e buscas insaciáveis do ser humano. E assim como acredito que essas pretensões e procuras incessantes são as principais responsáveis pelas mais importantes descobertas e também alimentam a fantástica espiral do progresso e a evolução humana em todos os sentidos que conhecemos ou intuímos, creio também que não há quem se acomode satisfeito dentro da estreita bitola exclusivamente racional, a não ser que deseje boicotar-se a si mesmo, tomado de algum tipo de moléstia mental.

O próprio Kant, filósofo racionalista por excelência, que nos legou *A Crítica da Razão Pura*, expõe com humildade, neste seu gigantesco trabalho tecido com recursos racionais, os limites e margens da razão humana. E Peter Berger se preocupa em alertar que há outras vias de percepção da realidade, que não se servem da razão com exclusividade. Assim, o ser humano pode escolher outros caminhos, como o artístico, o místico, o intuitivo, que têm critérios próprios. Acrescento que, cada vez mais, a percepção extra-sensorial pesquisada pela Parapsicologia pode também contribuir com suas pesquisas e buscas.

E eu lhe pergunto, leitor, de que vale a sofisticação do deicídio – que já se insinuou, mesmo na esfera de modelos teológicos, como o do filósofo Nietzsche, e mais tarde, dos teólogos que também proclamaram a morte de Deus –, se disso resulta a vaga angústia presente na literatura reflexiva de nossos dias e toda a descontrolada onda de misticismo que se instala dentro e além das estruturas religiosas milenares?

Tudo me leva a crer que o deicídio não passa de uma atitude imatura utilizada para solucionar o *complexo de Édipo* mal resolvido na vida de muitos que negam o Divino, mas agem como se de fato fossem satélites gravitando ao seu redor.

O romance *Nos Confins do Homem*, ficção científica de Vercors, divulgado entre nós na década de 1940, após a Segunda Guerra, confronta-nos com importante afirmação, num clima de aventura trepidante e de suspense. Porque esse instigante livro nos leva à conclusão de que, dentro do processo evolutivo, o ser humano apenas surge como tal, quando, em sua ascensão genética e espiritual, descobre que existe Algo que o antecede e supera, ou seja, passa a agir motivado pela crença, ainda vaga e embrionária, de que deve existir algum deus.

E então inventa, como natural desdobramento dessa intuição, que irá firmar-se no transcorrer do tempo em todas as formas de Cultura que conhecemos, uma expressão elementar e difusa de culto ao Divino, que se serve de liturgias interessantes, pela criativa variedade como desfilam através da História.

Em tantos longos anos, caminhamos muito pouco em nossa compreensão de tal descoberta cercada de luz e de esperança, mas velada pelo silêncio sagrado do mistério.

Julgo que ainda somos obrigados a conviver com esse indecifrável enigma e nos vemos tanto desafiados quanto perturbados por uma revelação que parece se oferecer e se negar ao mesmo tempo, quando utiliza o filtro de um insolúvel jogo de espelhos, na constatação frustrada de Paulo, o apóstolo.

Ele era, porém, um homem que alimentava, pela fé, a certeza de que atingiria a plenitude do conhecimento, quando o ralo vislumbre percebido de forma nebulosa e obscura se tornasse enfim a definitiva manifestação do Divino sem véus, mas *face a face*.

Segundo Feuerbach, a diferença entre o ser humano e o animal resume-se no fato de que o homem *faz religião*, enquanto o animal não tem consciência e potencial para dar um salto desse porte e nem mesmo pode elaborar a noção de seu próprio futuro.

Dürkheim sugere ainda que não só a sociedade, como também a própria razão humana – que durante muito tempo foi considerada a diferença específica do homem – têm as suas origens na religião.

E Fustel de Coulanges, por sua vez, concebe o Estado enraizado no fator religioso, desde a sua origem ou fundação.

Aceitar, no entanto, o absurdo da crença em Deus não significa que possamos conceituá-lo, defini-lo, até o ponto em que entendemos essas palavras em seu sentido usual. Afinal, como compreender e definir o Infinito? Se a tessitura das palavras é sempre pobre para retratar com perfeição absoluta qualquer realidade que pretendamos conceituar, como nutrir a ambição de aprisionar Aquele que ultrapassa a grandeza do Universo, com nossa precária cerca de palavras?

Cada um de nós tem de correr o risco de buscar o entendimento de Deus fora do espelho, isto é, longe de qualquer indevida sugestão antropomórfica. Mas como posso evitar que o meu rosto se projete no cristal espelhado de minhas buscas do Divino? Como separar o que é meu, se tudo é dele, e se é nele que todos nós somos, nos movemos e existimos, para citar aqui a bela poesia grega que Paulo utilizou em sua inteligente e estratégica argumentação, no Areópago de Atenas, quando a era cristã apenas começava a alvorecer?

São interrogações que não geram ainda respostas precisas. Mas para ser honesto, eu lhe digo que aprendi a coexistir em paz com as minhas dúvidas sobre Deus. Intuo que toda a dúvida é o começo de uma verdade maior, apenas pressentida. A dúvida não deixa de ser então uma importante ferramenta de trabalho, visando o nosso harmonioso crescimento.

Se Tomé não duvidasse, informações importantes sobre Jesus quedariam desconhecidas para sempre. Se Descartes também não se deixasse dominar pela *dúvida sistemática*, ficaria mais difícil encontrar um sólido e seguro ponto de partida para todos os métodos e raciocínios científicos. Acredito então que Descartes e Tomé são nomes apropriados, caso queiramos escolher um patrono para a Ciência eternamente jovem, irrequieta e cética. Ou para o homem que ainda vive o seu avesso de incertezas e de crenças que se esboroam em sua própria inconsistência.

Foi uma pena que Maria e Marta, irmãs de Lázaro, não tivessem dúvidas profundas sobre o destino humano, assim como também – e especialmente – o autor do Evangelho atribuído a João. Só num clima de dúvida nos chegaria um minucioso relato sobre o que acontece depois da morte, narrado pelo próprio Lázaro, quando Jesus o retirou do túmulo depois de três dias... Ou não?

Os livros sagrados de todas as religiões mostram inúmeros pontos comuns, nos quais subsiste a velha dificuldade de se apresentar ao ser humano uma imagem, quem sabe, mais *inteligível* de Deus. Leigos, escritores, poetas, sonhadores, místicos se frustram com freqüência na procura incessante do *rosto divino*, por causa de inevitáveis confusões com sua própria imagem, sobreposta sem alternativa à *face de Deus* no espelho que reflete e norteia as mais sinceras investigações humanas.

Deus fica então muito antropomórfico, com feições, paixões e sentimentos humanos – o que me parece ser, como já opinei, um problema insolúvel.

Por outro lado, há essa categórica negação de Deus, até com certa dose de uma combativa agressividade por parte do ateu, que não percebemos no agnóstico. Porque o agnóstico é sempre mais flexível e menos dogmático, de tal sorte que entende a crença em Deus como uma questão que deve permanecer aberta, por falta de base para qualquer formulação definitiva.

E eu não consigo evitar a pergunta que me coça a língua. O radicalismo emocional que cerca os argumentos do ateu não seria o sinal mais significativo, embora camuflado, da importância acentuada que ele, ainda que de modo inconsciente, atribui a Deus? Aprendi, observando a minha própria vida e as experiências daqueles que povoam o meu universo limitado, a esperar a estranha forma como muitas vezes agredimos aquele ou aquilo que mais nos agrada...

Parece-me evidente que existe um Deus criado à imagem e semelhança do ser humano. E o mais comprometedor é que esse Deus reproduz todas as nossas fragilidades e distorções, vez que se encontra *aprisionado* pelos equívocos do homem e seus espelhos deformadores.

Ao ver a ocupação do mundo pelo Deus humano, ou, ainda mais grave, pelo Deus subumano, sinto uma grande identificação com as ácidas palavras de Nietzsche. E sou solidário com o Louco, personagem de seu livro *Assim Falou Zaratustra*. Porque o Louco é mais sensato do que tantos julgam, razão que me leva a acrescentar à sua proclamação guiada pela lucidez da demência:

> *Graças a Deus pelo óbito deste deus, como foi proclamado pelo Louco. Porque apenas assim aumentam as possibilidades de nos relacionarmos com o Deus verdadeiro, sem as caricaturas que lhe projetamos em nossos espelhos viciados em refletir, sorrateiros, o humano rosto. Tais deformações são, no entanto, inevitáveis. E pelo menos em parte, segundo me parece, também oportunas, porque sempre reveladoras.*

Afinal, não tenho em comum com Deus *imagem e semelhança?* Não existe entre Deus e mim um estreito relacionamento de Pai e filho? Muitas vezes vejo também meus filhos nos meus olhos, gestos e até nos meus cacoetes. Chego com freqüência a pensar que sou eu que me pareço com eles. Se fosse Deus que se olhasse no celestino espelho, também não iria me ver de cambulhada?

Mas de um outro ângulo, como posso respeitar o Deus moldado pelo rancor humano, que se esconde atrás dos cataclismos e das guerras? Como tolerar o grande responsável por neuroses e culpas angustiantes, na proporção direta de suas exigências antinaturais? Em que nicho vou colocar esse Deus diabólico, que foi descrito pelo poeta português Guerra Junqueiro como

> ... *um papão que não faz a barba há seis mil anos*
> *e que mora, segundo os bonzos têm escrito,*
> *lá em cima, detrás das portas do infinito?*

Um momento. Vai custar-lhe apenas um momento meditar sobre o relato de Theodor Schwenk, em *Das Sensible Chaos*, que Fred Jordan endereçou a Millôr Fernandes, seu amigo:

> *Você já pensou na relação que pode existir entre peixe, mar, sol e lua? Pois há um caso fantasticamente verdadeiro que ilustra muito bem o que significa* estar-em-relação. *É o caso do salmão-de-mar-aberto.*
>
> *Todo ano, no mês de maio, ele vem para a costa da Califórnia e por ali fica esperando pelo momento em que a maré atinge o ponto culminante. No terceiro dia após a lua cheia, o plenilúnio, deixa-se levar à praia, precisamente na última onda, a mais alta da maré. A fêmea põe ovos na areia molhada para que os machos imediatamente os fecundem. Logo mais chega a próxima onda, a primeira da maré vazante, que os leva de volta ao mar. Esta já não atinge a mesma altura da praia, onde ficaram os ovos. Somente após quatorze dias lá vem de novo a última onda da maré cheia. Alcança os ovos, recolhendo ao mar os filhotes que acabaram de nascer, há poucos minutos. Ano seguinte, no mês de maio, no terceiro dia após a lua cheia, repete-se o fenômeno: os peixes voltam às mesmas praias para cumprir o mesmo rito da procriação. Também será o mesmo aquele instante em que salmão, terra, sol e lua estarão em uma certa relação. Melhor diria, na relação certa.*

O que esse minúsculo retalho da Natureza lhe sugere?

Faço agora, com registro pedagógico e traços nítidos da forma utilizada pelos escolásticos, uma digressão sobre certos tópicos de interesse para os que iniciam suas pesquisas em Teologia e esbarram com palavras e expressões que desconhecem e que não se encontram nos dicionários comuns. Confesso honestamente que não gosto nem me afino com o estilo escolástico de raciocínio e da mentalidade geral da escolástica, mas reconheço a clareza de seus textos. Por outro lado, bem sei o que as buscas intensas significam, porque também me fustigo com muitas indagações recorrentes, sem o conforto de alguma resposta, quando medito sobre o Deus do meu amor e de minha saudade.

Um Deus pessoal? Sempre que os recursos antropomórficos são colocados a serviço de uma mentalidade infantil que enxerga Deus através de seus espelhos mal direcionados, o resultado é uma imagem divina que se aproxima do *Padre Eterno* ridicularizado pelo temperamento polêmico e ácido do poeta português Guerra Junqueiro: um velho de corpo musculoso e olhar severo que parece sempre pronto a punir e sem vestígios de bondade, talvez, porque não teve mãe...

Mas se formos dirigidos pela influência da abstração inteligente – *lateral thinking* –, conceberemos um Deus impessoal sem perfil nem contornos, sem nitidez em seu semblante difuso, que pode ser nomeado como Força, Princípio, Inteligência ou Poder responsável pela estupenda manifestação organizada de grandiosidade e beleza, mas também do caos constrangedor que irrompe no Universo.

Libertando-me dos exageros dessa polarização radical, compreensível no comportamento do ser humano com quem interajo e que sou, escolho aceitar a *pessoalidade* de Deus. Conheço as enormes dificuldades racionais que a minha escolha acarreta, mas me é mais difícil entender que um Princípio ou o Motor de Aristóteles pudesse provocar emoções tão fundas em mim, em tantos. Alinho-me com a multidão daqueles que, como o Cristo, chamam a Deus de Aba, Papai, e nele vêem a sensibilidade de um coração maternal. E eu me dou conta de que também preciso de um papai, o papa que critiquei como evidência do renitente infantilismo entranhado na fé... Pois é. Nada como um capítulo após o outro.

De modo semelhante ao bilhete costurado no forro do casaco usual do sábio Blaise Pascal – escrito, talvez, sob o poderoso impacto de uma experiência pessoal com Deus e resgatado após a sua morte –, eu também quero dizer:

> *Deus de Abraão, Deus de Isaque, Deus de Jacó, não o Deus dos filósofos e dos sábios... Meu Deus!*

Mas por vezes me pergunto por que Pascal escondera tanto o seu bilhete? E também me assusta o nível de bisbilhotice dos que revistaram desse jeito e com tanta minúcia a roupa do sábio morto.

Tudo é Deus ou Deus está em tudo? Apesar da profunda beleza exposta por Spinoza, ao firmar a primeira posição e colocar-se como adepto do Panteísmo, não consigo pensar num Deus tolhido nem mesmo pelo explosivo Universo em expansão.

Gosto de imaginar que Deus está presente no canto dos pássaros, na *inteligência das flores*, como poetaria Maeterlink, nos cristais, nos favos de mel, na estrela d'alva, na alvorada e no pôr-do-sol, no fragor da tempestade, no pequenino que começa a andar, no leito dos amantes, na pureza das feras... e no ser humano, cuja essência é multifacetada e única, com ângulos que latejam de forma muito semelhante à pulsação divina.

Preocupa-me saber que a Natureza, desde os dias mais tranqüilos do apóstolo Paulo, geme esperando a redenção. E hoje, quando a Ecologia alerta quanto às tragédias apocalípticas, não basta que façamos bonitos discursos. Temos de amar a Natureza.

Já faz muito que perdemos o contato com a terra, o mar, os animais. E por espantoso desdobramento, quebramos a aliança com Deus e com nosso irmão. Perdemo-nos a nós mesmos.

É preciso reatar o namoro com todas as coisas e refazer o vínculo que nos torne novamente um com o Deus que nos visita a todo tempo, através do mundo tangível e pelo afago espiritual que nos circunda e nos envolve. Francisco de Assis viveu há menos de mil anos antes de nós, trazendo esta certeza tatuada no corpo e ardendo mais que o fogo em sua alma de santo.

Se for necessário, vamos mudar de rumo, transformar o que se mostrou equivocado, começar de novo, participar do mistério das metamorfoses que garantem a eterna novidade do Universo.

Nietzsche, em *Assim falou Zaratustra*, conta uma parábola sobre mudança, que se aninha bem neste momento do presente capítulo. Diz ele que o espírito carrega pesados fardos, como o camelo; quer conquistar a liberdade, como o leão; e tem, como a criança, a possibilidade de um novo começo. É isto. Não se opor, como os pequeninos, quando um reinício se impõe.

Deus nos ronda com seu amor, desde quando éramos informes no Éden do ventre materno, como escreve o salmista bíblico. Como não vê-lo então em nosso genoma, nos confins do homem, na poeira das estrelas, na fórmula de Einstein, no corretivo da dor e na vertigem do orgasmo? Na busca dos povos que parecem manter entre si a cumplicidade dos vasos comunicantes? Nos movimentos espontâneos que corrigem os teólogos da morte de Deus, sem a intenção de criar novos credos, mas movidos pelo amor que tantos perderam por descuido e desfaçatez.

É com este amor que a juventude mostra a sua reação espontânea em face à Teologia da Morte de Deus, quando canta em diversas partes do mundo a saudação de seus salmos a Jesus:

The Man from Nazareth, My Sweet Lord, Jesus Christ Super-Star...

E no Brasil, a bonita canção de Erasmo e Roberto Carlos:

Eu estou aqui!

Nunca a Igreja exibiu em certos setores tamanha vitalidade, especialmente na América Latina, combatendo as ditaduras, criando as Comunidades Eclesiais de Base, forjando novas e dedicadas lideranças, com o engajamento de clérigos nas linhas de enfrentamento das injustiças sociais e o envolvimento dos leigos em todos os segmentos da sociedade. É quando também a mentalidade ecumênica aprende a se expressar, não apenas com uma linguagem inteligível a todos, respeitando as diferenças, mas sobretudo através de uma urgente ação comum. O amor a Deus e ao homem concreto é o ponto de toque que provoca a convergência ecumênica. Aliás, Hegel nos legou este aforismo que tão bem explica tudo o que foi possível conceber e realizar nesses dias inesquecíveis:

Sem paixão, nada de grande se realiza no mundo.

O neurobiólogo chileno Humberto Maturana, dentro do campo de sua ciência, aposta na mesma direção:

O motor do conhecimento é a paixão.

Deus ama e plasma com seu amor o Universo onde os próprios astros fazem evoluções, que lembram danças de acasalamento, atraídos entre si e podendo ser destruídos pela paixão descomunal dos *buracos negros*, esses amantes *ensandecidos* de amor. O mesmo Deus provoca também a resposta afetiva do ser humano, seu interlocutor consciente nesta velha Terra.

E os versos de Rilke, na bela tradução do nosso José Paulo Paes, ilustram tal comunhão que sobrevive num clima de paixão:

Giro à volta de Deus,
a torre das idades,
e giro há milênios, tantos...
Não sei ainda o que sou: falcão, tempestade
ou um grande, um grande canto.

Deus não se esgota, contudo, no que conhecemos ou no mistério que nos fascina, mas desliza de nossa percepção para um espaço muito além da humana razão, evidenciando que ainda nos é vedado decifrá-lo. E o Amante-Amado não faz rodeios, quando retém o seu segredo que, para mim, se desvela, ao menos em parte, nos simbolismos amorosos do belíssimo poema erótico de

Salomão, *Cântico dos Cânticos*, que Paulo, entre outros, evoca destacando a possível analogia entre o amor divino e o humano amor:

> *Os meus pensamentos não são os mesmos de vocês.*

Huberto Rohden, na tentativa de responder à pergunta proposta acima – tudo é Deus ou Deus está em tudo? –, criou uma palavra que engloba as duas possibilidades, *Panenteísmo*. Isto é, Deus é bem mais do que tudo que conhecemos, mas se manifesta em todas as coisas e em cada uma de per si.

Para dar mais alguns passos nessa explanação escolástica que enfrento com muitas reservas, acrescento que há um debate – inútil, medieval? – sobre a concepção de Deus desenvolvida pelo Deísmo e o Teísmo.

A diferença entre essas duas formas de compreensão pode ser esboçada de modo muito simples.

O Deus do Deísmo coloca-se numa posição distante e descomprometida diante do Universo, uma postura semelhante à do maquinista que não frearia o comboio, que vence veloz as enormes distâncias, para poupar a formiga que caminha incansável pelos trilhos, transportando as suas migalhas.

Por outro lado, o Deus do Teísmo é o que se imiscui na História dos homens, com pessoal interesse até num único fio de cabelo ou na folha morta que pende de um galho magro quando o outono amadurece os frutos e avermelha as plantas, segundo a ilustração de Jesus.

Um típico exemplo de Deísmo pode ser pinçado dos versos de Stephen Crane. Confira você mesmo:

> *A man said to the Universe:*
> *Sir, I exist!*
> *However, replied the Universe,*
> *the fact has not created in me*
> *a sense of obligation.*

Basta substituir Universo por Deus e teremos a visão poética do Deísmo. Convenhamos que um tanto decepcionante, certo?

O Teísmo, por seu turno, nos confronta com o Deus pessoal que ouve preces, interfere nos processos humanos, suspende as leis da Natureza para realizar seus milagres, que podem ser incríveis como abrir o mar Vermelho, restituir a visão dos cegos, ressuscitar mortos, fazer uma besta falar e paralisar a natural evolução do sol, por intercessão de Josué... E tantos outros sinais de igual porte.

De um ângulo simbólico, é possível dizer que há pessoas amortecidas que *despertam*. Assim também muitas são as bestas que falam. E existem dias que, psicologicamente, são muito velozes, lembrando um frasco de perfume aberto a evaporar em átimos, enquanto outras horas parecem intermináveis, como as que vivemos ao atravessar uma borrasca de absurda ventania a bordo do avião que bem pode desabar a qualquer instante, desintegrando-se a dez mil metros do chão. Ou a vigília ao lado do filho que termina falecendo com um discreto arfar aliviado e a pacificação da cabeça febril. O rei Davi passou por este drama:

Quem me dera, filho meu, quem me dera morrer no seu lugar.

Quase tudo pode parecer possível, quando analisado de um plano simbólico.

Mas o Deus pessoal tem sentimentos semelhantes aos do ser humano e acumula as características de um patriarca cheio de poder com as da mãe amorosa. É preciso acrescentar que, a despeito deste retrato divino ter origem na bíblia e ganhar o imaginário das massas, a vida se encarrega de mostrar que acontece justo o contrário, em nossa experiência existencial.

É inútil fugir da verdade. Os textos bíblicos que contribuem para essas deformações precisam receber outro tratamento exegético que seja apropriado a essas passagens simbólicas, do modo como já fazemos ao interpretar as parábolas. Porque Deus não é o Gênio de Aladim a nosso serviço, do contrário, ninguém morreria. E com certeza ficaria difícil entender o seu silêncio julgador, seu sim e seu não, assim como o tipo de comprometimento que Deus assume com a História dos homens. De igual forma, seria de todo impossível alcançar a verdade e o significado dos milagres bíblicos, sempre que esses extraordinários sinais fossem analisados dentro de um foco mais adulto e menos ingênuo do que a fantasia que projetamos nos espelhos em que dizemos buscar o rosto divino, mas nos acomodamos ao nosso.

Afinal, quem poderia dizer, fora dos círculos psiquiátricos e de sua tentativa de domar os delírios e os surtos de sandice, quem diria que testemunhou alguma coisa como essas, no seu cotidiano? Millôr faz humor com esta forma generalizada de crendice:

Deus existe, mas não é full time...

Creio que a concepção teísta deve amadurecer, se não quiser ser levada ao ridículo, embora eu esteja longe de achar satisfatória a alternativa de um Deus alienado e indiferente espectador do drama de sua direta responsabilidade, o que equivale a um ateísmo prático. Entendo que Deus participa de nossa vida, quando marca o ser humano e a História com o seu amor e propósito, e sobretudo quando imprime seu Alvo e vontade final em todos os átomos do Cosmos.

O exemplo que posso dar, na tentativa de esclarecer meu pensamento, é o de um governo que estabelece metas gerais visando o bem comum, mas sem priorizar problemas individuais. O ser humano não é um detalhe do projeto divino, o que evidencia a precariedade do meu exemplo. Mas Deus também não é a muleta da humanidade, uma espécie de desnecessário pronto socorro, que bloqueia a todo o momento, como uma equivocada supermãe, o amadurecimento do homem e sua desejada autonomia.

Deploro que a tendência seja a de buscar um poderoso Mago que mantenha sempre aberta a sua tenda de milagres e disponha de truques espetaculares. Mas isto fica no mesmo plano das fantásticas historietas infantis e provoca uma decepção idêntica à que um dia tivemos com os presentes e a própria inexistência do Papai Noel.

Afinal, a imaturidade empurra Deus de contínuo para dentro dos nossos irrisórios limites espelhados. E como a criança não concebe Deus fora do seu espelho, o Divino para ela só pode exibir todas as nossas distorções e igual infantilidade. Repito ainda outra vez que se trata de um círculo vicioso difícil de ser partido pelo esforço humano, seriamente comprometido.

Numa tentativa honesta de mostrar a dificuldade para a aceitação de Deus quando fora do caminho aberto pela fé, o teólogo Rubem Alves, que rompeu com a orientação conservadora da Igreja Presbiteriana do Brasil, fez no Centro Ecumênico de Informação o depoimento que agora transcrevo:

> *Na Antropologia encontramo-nos com as mais variadas formas de fenômenos religiosos – e todos eles contêm uma verdade humana – são* revelações *do homem. A pergunta 'qual delas é a verdade?' não pode ser levantada nos limites antropológicos.*
>
> *Esta indefinição ou eqüidistância do antropólogo frente ao fenômeno religioso não deixa de ser, entretanto, uma certa falsificação de sua própria condição existencial como ser humano.*
>
> *A personalidade é uma estrutura organizada em torno de certos* centros emocionais *que, muito embora saibamos ser teóricos e abstratamente relativos, funcionam realmente, em nossa experiência existencial, como absolutos. É a isto que Kierkegaard denominou de* paixão infinita *e Tillich, de* absolute concern. *Este centro emocional, não importa o nome que lhe damos – de valor, filosofia, ideologia, Deus –, realmente é o objeto de nossa devoção última e, portanto, o nosso Deus.*

Temos então diante de nós uma contradição. Teoricamente, podemos falar, no campo da Antropologia, no relativismo de todas as religiões: trabalhamos como se todas fossem meras construções simbólicas dos grupos humanos ou de indivíduos. Praticamente, ou seja, no campo existencial, comportamo-nos como se os nossos valores – os nossos deuses – tivessem validade absoluta.

Como resolver a contradição? Não creio que seja possível. A resposta foi bem elaborada por Kierkegaard: 'Como poderemos nós, por meio de verdades históricas e, portanto, relativas e precárias, chegar a uma verdade eterna? Como chegar ao infinito através da soma de finitos?'

A transição só se dá por um ato de fé.

Santo Agostinho nos adverte:

Há coisas que conhecemos primeiro, para depois crermos. Mas há coisas que só conhecemos, depois de crermos nelas.

Muito embora o assunto só esteja esboçado, faço uma última reflexão: DEUS É O QUE NÃO É. Justo o oposto da afirmação bíblica atribuída a Javé: EU SOU O QUE SOU.

Deus, com certeza, precisa emergir singular dessa imensa quantidade de traços e conceitos acumulados pelo ser humano, através de um tempo imemorial que escapa às datações históricas. Porque a imagem divina, encastoada no imaginário da humanidade, que abrange como um grande espelho a *Consciência Coletiva,* tornou-se, por inevitável, embaralhada à nossa.

Mas ficamos sem outra alternativa, vez que a nitidez e pureza do rosto único de Deus só podem ser resgatadas fora do espelho, que se encontra para sempre imiscuído e contaminado pelo narcisismo humano. Mas é verdade também que, se retirarmos os traços humanos presentes nos espelhos que flagram as nossas buscas, se esvai por completo o vislumbre embaçado que ainda nos sobra como os únicos vestígios camuflados de Deus. Já para nem considerar que esta é uma tarefa mais difícil do que todos os trabalhos mitológicos do Hércules grego.

Dentro de uma caverna mais escura que a mencionada por Platão, estamos às voltas com sombras, dando nomes e atribuindo especificações ao que nos assombra de modo difuso.

E vêm depois os interesses sociais em jogo, a mentira conveniente em forma de dogma, as algemas das instituições que retardam nossos sonhos e visões, como ambicionou um dia o profeta Joel, a solerte superstição que mascara e deforma os fatos, a avalanche de culpa que nos faz ter medo da verdade e de ambicionar, num monumental equívoco, a punição do azorrague divino, presente em desastrados instrumentos de penitência e de tortura, que transformam nosso corpo e alma numa chaga só!

Até quando? Esta pergunta também aparece no livro de Apocalipse. Mas o Salmista nos ensina, quando conosco partilha sua experiência pessoal:

Esperei com paciência no Senhor.

Da alquimia de todos esses elementos surgem os nossos deuses, que são tão destruidores quanto o conhecido bezerro de ouro formado da riqueza e das contradições dos antigos hebreus, como sempre acontece com todos os povos, independente de datas e geografias.

Não é possível então aceitar o nome divino apenas expresso como EU SOU O QUE SOU. E em necessário sinal de nosso respeito, temos de afirmar, diante de sua natureza desfigurada pela nossa estupidez, que Deus É O QUE NÃO É, uma vez que ele ESTÁ SENDO SEMPRE, como base de nossa dinâmica e da eterna revolução do Universo.

O deus dos livros sagrados e tradições obsoletas, que se esvaziou da verdade no escoamento do tempo, está morto desde sempre, porque a sua falsa existência sempre foi uma fantasia de nossos espelhos absolutamente infiéis.

Torna-se um desafio para as próximas gerações, segundo meu entendimento, o desbastamento das crostas ou aderências, desse lixo acumulado através dos séculos e milênios, que lembram as cascas de uma cebola do tamanho do Universo.

Mas sob o cascalho imemorial brilha a gema eterna. Misturada aos ruídos ensurdecedores, se encontra viva e resistente a voz divina de cristal, que parece nascer de um singular e sublime saxofone. Ou do canto e contracanto de Milton Nascimento, como um dia declarou Ellis Regina.

Se quisermos um relacionamento direto e pleno com o Deus da bíblia, temos de tornar relativa a própria bíblia, que muitas vezes o aprisiona em conceitos, valores e tudo o mais que representa a floresta das contradições humanas e suas incoerências. E esse é um trabalho bloqueado pelo preconceito e pela idolatria que cerca a bíblia, por vezes de forma muito sutil, sem focalizar aquele de quem ela busca testificar. De modo semelhante precisamos também expurgar todos os inúmeros espelhos aprisionadores, que deformam o perfil do ser humano e falseiam a imagem de Deus.

Ainda que haja a melhor e a mais santa das intenções.

Mas há muito chão a percorrer até o momento em que possamos cortar o indevido cordão umbilical que nos vincula a Deus de modo inconveniente.

Somos sua imagem e semelhança, e essas palavras, se bem analisadas, dizem por si mesmas. Somos imagem, como uma foto guarda também nossa imagem. E a palavra *semelhança* já exclui, de partida, a igualdade. Não somos, enfim, xifópagos com Deus e muito menos seus clones. O mito de Adão e Eva deve ser como balde de água fria nessa pretensão descomunal. Ou não?

Deus é muito maior do que o homem e do que a bíblia, que registra a sua palavra, agredida pelos ruídos humanos e sem condições de ser a perfeita Palavra de Deus.

É isso que nos passa o rei Salomão, em sua prece de consagração do magnífico templo de Jerusalém:

> *O Céu nem o Céu dos Céus te podem aprisionar, Senhor, quanto mais esta humilde Casa que foi edificada por humanas mãos?*

Nesta tarefa, o ser humano tem de inverter e reavaliar quase tudo o que a Teologia tem, de forma sistemática e nem sempre honesta, ensinado através do tempo, porque deve dedicar-se à impossível missão de ser o *salvador* do Deus capturado e mantido como refém de nossa estupidez voluntária ou contingente em cárcere cuidadosamente espelhado, vez que não vislumbro outra possível alternativa às mentiras engendradas pelos procedimentos humanos.

Sedutoras mentiras que agora é preciso destruir.

3

QUE É O HOMEM?

> *Sou a única pessoa no mundo que gostaria de conhecer profundamente, disse de forma desconsolada Oscar Wilde. Mas ele não era o único que desejava melhor se conhecer e que não sabia tantas outras coisas mais...*

É quase uma anedota na História da Filosofia. Como resposta à inusitada afirmação feita por Platão de que o ser humano era um bípede sem penas, Diógenes, o Cão, depenou uma galinha e atirou-a no local onde se concentravam os interessados no desdobramento do exótico debate, adicionando, desse modo, dose dupla de seu próprio veneno às palavras de desafio:

– Eis aí o homem de Platão!

O discípulo mais conhecido de Sócrates nem por isso se deixou intimidar, mas respondeu imperturbável:

– O homem é mesmo um bípede sem plumas, que tem também a unha arredondada...

Não sei como a bizarra polêmica continuou, a partir desse ponto, se é verdade que um dia chegou a mesmo a acontecer uma discussão tão extravagante.

Que é o homem? A pergunta é insistente, recorrente mesmo, e desponta com acentuada freqüência, no transcorrer da História. Está na bíblia. No mito da Esfinge. Na boca de espiritualistas e esotéricos. Quem não repetiu alguma vez essa indagação, seja por mero diletantismo ou fustigado pela angústia existencial?

Que é o homem?

Hoje, o grande impulso das pesquisas espaciais nos leva a esperar a comunicação plausível com vidas inteligentes de outros planetas, como um acontecimento próximo e possível. Torna-se então mais do que nunca necessário que sejamos despertados de nossa indiferença e inércia, para responder, com os pés no chão de nossa terra, essa interrogação que insiste em repetir-se como um eco a reverberar nos descampados ou desfiladeiros, desafiando-nos qual uma gigantesca e atrevida Esfinge:

Que é o homem?

A mitologia narra que a Esfinge assaltava quem passasse desavisado por seus domínios, em Tebas, com inesperado desafio, seguido de grave ameaça de morte:

Decifra-me ou te devoro.

O enigma que ela propunha era, em uma só palavra, o homem. Édipo consegue decifrá-lo e então é a Esfinge que cai em desespero e se mata. Coisa dos mitos, das tragédias gregas, das óperas, dos fados, dos tangos, das novelas mexicanas e brasileiras...

Mas a verdade é que, a despeito de todos os Édipos, o ser humano continua como um enigma, mesmo aos seus próprios olhos. E assim o desafio da Esfinge, de fato, não foi sequer arranhado, demandando quem possa, não apenas fazer citações ou formular palpites sem compromisso maior sobre o ser humano, mas efetivamente decifrá-lo, em toda a sua complexidade.

O nome do homem não vem ao caso e pode muito bem ser dispensado, mas num importante conclave, como nos conta Jorge Howard, um dos seus participantes entra no auditório dominado por uma crise de amnésia, e pergunta desarvorado aos congressistas ali reunidos, servindo-se do microfone da mesa diretora dos trabalhos:

Algum dos senhores sabe quem sou eu?

A indagação neste caso adquire uma dimensão parabólica.

E Jorge Howard também pergunta:

Sabemos, afinal, quem somos nós?

Se bem que nem sempre em clima tão dramático e patológico, parece-me que se faz cada vez mais profunda a crise de identidade que solapa a segurança humana.

Não é fácil responder à pergunta recorrente no presente capítulo e em nossa vida, porque a identidade do ser humano lembra, pelas tensões e lutas, o fluxo e o refluxo das marés. E não é exagero afirmar que a humanidade vive também essa grave e aguda crise. Saiu de sua infância, mas é visível que não alcançou ainda a idade adulta, passando-me a impressão de uma promissora, mas imprevisível juventude ou mesmo de incômoda e irrequieta adolescência.

Forças antagônicas se estranham e se inimizam na alma e no corpo do homem que, pela intensidade, evocam o caos destrutivo provocado por um tornado. Essas incontroláveis convulsões roubam-lhe com freqüência a unidade de espírito e lanham sua carne em dolorosos e intermináveis conflitos que lançam mais luz sobre a loucura da guerra do que todas as outras teorias propostas, no seu conjunto. Porque é uma verdadeira guerra entranhada em sua alma que atinge, por vezes, níveis constrangedores e desequilíbrios insanáveis, transbordando todos os limites do indivíduo e gerando avalanches sociais.

O genoma humano, quase igual ao de alguns símios, é impotente para esboçar uma explicação conclusiva de seu campo de batalha interior: os reclamos do corpo e as razões culturais, tanatos e eros, o fulgor da inteligência quase imaterial e as pulsões da carne, anjo e demônio, o *médico* e o *monstro*, doutor Jeckyl e mister Hyde, que são e que não são os mesmos! Até porque a distância que separa o santo do homem mau ou do chamado *bandido* é muito pequena, se é que alguma distância chegue mesmo a existir nos desvãos clandestinos e escorregadios da espécie humana.

Minha querida escritora Nélida Piñon, em *A Doce Canção de Caetana*, mostra, através de um personagem, a que ponto o ser humano pode ser mesquinho. A insólita criatura manuseia o terço não para rezar, mas para lembrar, nome a nome, seus inimigos que já haviam morrido... E eu não duvido de que deva existir alguém de perfil ao menos semelhante, que povoe o círculo de pessoas conhecidas ou referidas na vida de nossa acadêmica imortal.

Ainda mais espantoso e estúpido foi o fato real que flagrou aquele homem entrando afoito no velório de seu desafeto para gargalhar no rosto indefeso do cadáver.

Os estudos de Darwin e Freud são marcos importantes para iniciar a aventura de entender o ser humano e sua ambivalência – ou polivalência? – que pode atingir o paroxismo, como no caso do homem perturbado do Evangelho, que confessa, perplexo, a Jesus:

Legião é o meu nome porque somos muitos.

Mas é um desafio acima de nossas forças, mesmo que multiplicadas pela alavanca da Ciência e o poder terapêutico especial da Psicologia, resolver os problemas do homem, esse Centauro, cuja bela e trágica figura de ser híbrido, manietado no corpo, aprisionado em si e inimizado consigo mesmo, sem nenhuma perspectiva de reconciliação, já elucida porque é, para mim, o mais torturado e trágico dos mitos. Por isso, talvez, Umberto Eco chega a dizer que estava faltando ser escrito o enredo de um crime em que o assassino é o leitor. E Freud, que radiografou os impasses do ser humano para conviver pacificado com a Cultura capaz de construí-lo mas também de entortá-lo com suas interdições e o decorrente sentimento de culpa por tê-las transgredido, desabafa em nome de todos nós:

Somos animais atormentados.

Roger Garaudy, por seu turno, enxerga com olhos mais otimistas, ao destacar que o ser humano é o único animal que constrói ferramentas e erige túmulos. As ferramentas pontilham o caminho da Ciência: pedra lascada, pedra polida, bronze, ferro, vapor, eletricidade, energia nuclear. Como se vê, é próprio da Ciência demonstrar força e cumprir as suas metas através da razão, essa alavanca que já provocou interessante reflexão:

Dê- me uma alavanca, que removerei a terra...

Os túmulos, por seu turno, evidenciam o cuidado com o outro. Revelam as raízes iluminadas do sacrifício pelo próximo. Essa volta decisiva para o sócio é filha do amor e da compaixão, que têm o poder de agir visando à redenção das pessoas e da sociedade, através do serviço. E a busca do grande Outro, de Deus, aponta sobretudo para a transcendência humana e a realização da fé que anima e impulsiona o homem a cumprir o seu destino e denuncia o seu encontro marcado com a Sabedoria.

As religiões primitivas, que se projetam nas modernas como luzes de estrelas que não mais existem, reduzem o drama humano a um elementar problema teológico, transferindo nossas lutas e conflitos para a esfera dos anjos e demônios. Mas a humanidade, cada vez mais intensamente, é forçada a entender que essas imagens míticas apenas simbolizam forças que se movimentam no âmago do próprio homem.

Anjo e demônio apontam para os dois pólos extremos que se encontram em contínua tensão na alma do ser humano, nessa fase de crise gerada pelas mutações sucessivas. Não existe equilíbrio duradouro entre esses pólos porque o demônio, que porta as pulsões da carne, é aquele que a muitos parece importante domar e exorcizar, enquanto o anjo recebe a mais fervorosa simpatia, vez que acena com a vitória da vida espiritualizada.

Mas como é possível alguém se arvorar a resolver com leviandade problema tão complexo? Com que autoridade pode assegurar uma valoração ética negativa do corpo humano, priorizando um espírito desencarnado? Qual a razão para partir o homem ao meio, como no livro de Ítalo Calvino, e legitimar essa dicotomia medieval, que o escritor, por sinal, deplora? Como desprezar a pureza sem sofisticação do animal? E para que se aproveita a levitação, num mundo de aviões e naves espaciais? É possível dosar uma composição de anjo e de demônio que, nessa linha de raciocínio, resultaria no ser humano *equilibrado*?

Os chamados materialistas desprezam sem reservas o pensamento religioso como algo que precisa ser superado e uma página que só não foi virada por descuido ou pela acomodação imposta pelos reflexos condicionados. O Comunismo real é um bom exemplo para ser refletido, porém.

Visitei a Rússia, logo após a queda do regime, e senti, no entanto, que a religiosidade popular não foi sequer arranhada com quase um século de repressão contra a religião e os religiosos.

Fui à Cidade-Mosteiro, na circunvizinhança de Moscou, e fiquei impressionado com a influência de São Sérgio, que lembra a vida de nosso São Francisco de Assis, e com a descoberta de sua múmia, em excelente estado de conservação depois de séculos, gerando um culto fervoroso e exacerbado ao santo.

São Sérgio é venerado e merece celebração incessante por grupos que se sucedem, persignando-se de modo compungido e repetindo sem conta o sinal da cruz, de acordo com o gestual ortodoxo, cantando hinos intermináveis e beijando em intenção o seu corpo protegido por uma urna mortuária de vidro.

Os religiosos mais conservadores de todas as correntes e matizes seguem, como vimos, vemos e sabemos, um itinerário oposto ao materialista, priorizando as atividades do espírito, como se sentissem vergonha por terem um corpo. Ou, para dizer de forma mais apropriada, mostram-se constrangidos por *serem* um corpo. Em geral, o sexo é comparado a uma atividade menos nobre e até escusa, como se este não fosse o caminho de perpetuação da vida, ou porque julgam desonroso o amor concreto dos casais. Minha mãe costumava me dizer, sempre que eu mencionava o trabalho pesado que tinha com meus filhos, em seu processo de educação:

Você não quis pecar? Agora, pague o preço.

Não sei de que forma ela conseguia administrar com o mesmo critério sua própria vida, pois era mãe de dez filhos...

Há colégios de religiosas onde as internas tomam banho vestidas de camisolão. E no interior do Brasil, talvez seja ainda possível encontrar extraviado um tipo curioso de lençol com um furo redondo cuidadosamente feito e portando, por vezes, cuidadosos bordados em toda a circunferência. Tudo isso para que, na noite de núpcias, o marido não tenha acesso à nudez da mulher que terminou de desposar. Basta-lhe a área mais desejável tateada na escuridão através do furo providencial. E as razões da Natureza, amada e legitimada por Deus, agem inexoráveis a seu favor e da mulher, igualmente lesada, a despeito do descabido moralismo e de tão exíguo espaço disponível...

Visconde de Taunay, em *Inocência,* nos mostra como era difícil ou quase impossível ao hóspede da casa ou até a um médico sequer avistar a filha jovem da família. Como se um olhar sensual ou mesmo de simples apreciação portasse diabólicos perigos e fosse, na avaliação mais leve, nada menos que uma intenção de estupro ou um ofensivo ultraje à honra da casta moça e de sua família.

Montaigne, no século XVI, e o nosso filósofo José Américo Peçanha, há apenas alguns anos, fizeram afirmações muito parecidas, destacando que viver bem e intensamente é preparação acertada para morrer de maneira mais tranqüila. Faz sentido. Estar satisfeito com a vida é um bom caminho para morrer em paz, quando advir o momento final. É exatamente isto. Viver plena e intensamente para morrer sem desespero nem frustrações.

Fico pensando, porém, que é impossível supor uma vida prazerosa, assim como esperar que haja serenidade no momento de fechar o seu ciclo, para quem se castra diante do exercício e da alegria da existência. Ou foge sempre e até se dopa e atordoa com drogas, sexo e a fúria da velocidade, porque não quer conhecer a dor nem conviver com os humanos limites. Essa criatura que recusa o desafio da beleza e do prazer, que nunca deixa a estufa protetora nem para gozar e rejeita a noção de margem e de limite, só pode mesmo entender a morte como absoluta violência, assim como se fosse arrancada da mesa em que deveria participar de um banquete que nem mesmo ainda começou.

Quem vive com gana e garra, tem tudo para se afastar da mesa em que comeu e bebeu sem culpa, agradecido e satisfeito. E ver-se pronto para reconhecer como Pablo Neruda:

Confesso que vivi.

Philippe Arriès afirma, como um dos historiadores especializados nesse tema:

O homem, diante da morte, doma a morte.

E o escritor russo Leon Tolstoi, um cristão que nunca deixou, nem nos piores momentos, de pensar e agir banhado pela fé, escreve em *A Morte de Ivan Ilitch*:

Em lugar da morte, havia luz.

Rabindranath Tagore vê a morte sem o pavor costumeiro e até nos reconcilia com o fim, quando nos passa a imagem de uma página que se volta, abrindo alas para o futuro que ainda vislumbramos como num artifício de espelhos e limitados por verdadeira floresta de enigmas e restrições, como confessa o apóstolo Paulo em uma de suas cartas. Porque Tagore fala da morte com o doce embalo de uma suave cantiga de ninar:

> *Não é chegado o momento de levantar âncoras? Faça que, com a última luz do poente, nossa barca se perca por fim dentro da noite.*

Quanto a mim, gosto da forma simples e serena que o nosso poeta Manuel Bandeira discorre sobre o fim, como as mãos de minha mãe criavam, a partir da massa escura pelando de quente, o branco doce das balas de coco, que rendiam delícias que pareciam impossíveis:

> *Encontrarei lavrado o campo, a casa limpa, a mesa posta, com cada coisa no seu lugar.*

O importante poeta Francisco Otaviano não apenas traça o perfil do homem fugidio, mas também adianta, como num vaticínio, o seu destino melancólico:

> *Quem passou pela vida em branca nuvem*
> *e em plácido recanto adormeceu,*
> *quem não sentiu o frio da desgraça,*
> *quem passou pela vida e não sofreu,*
> *foi espectro de homem, não foi homem,*
> *só passou pela vida, não viveu...*

Muitos santos são exemplos históricos de uma concepção desvirtuada sobre o próprio corpo: Santo Antão, São Simão Estilita, meu querido São Francisco de Assis e mesmo um gigante como o miúdo Gandhi... Bem antes deles, tenho de mencionar constrangido o próprio apóstolo Paulo.

São muitos os que parecem envergonhados por possuir e exercitar o que Deus não teve vergonha de criar.

O sexo, força criadora que mereceu a atenção e o estudo de cientistas, como Freud e Reich; teólogos cristãos de notável envergadura, como Otto Pipper ou William Graham Cole; filósofos tão notáveis quanto Bertrand Russell; e o bom gosto de multidões de pessoas simples e imunes à sofisticação – o sexo não pode ser suprimido ou sufocado, sem que isto não redunde em tragédia ou na dolorosa e irremediável cobrança da Natureza.

Aprendemos com o testemunho da História que ênfases equivocadas sobre um homem fracionado levam-nos a perder de mira o próprio homem concreto que conhecemos.

É bom destacar a advertência do teólogo Dietrich Bonhoffer, de que falar sobre Deus quando nos braços da pessoa amada é, na melhor das hipóteses, absoluta falta de bom gosto...

Mas a evolução espiritual é um processo irreversível, como também sucede no plano biológico, estudado com seriedade científica por Darwin, Spencer e outros tantos. Charles Darwin, em suas pesquisas de campo, correu mundo, quando veio, inclusive, ao Brasil. É grato registrar minha irrestrita admiração pessoal por um daqueles que emprestam continuidade ao seu trabalho entre nós, o brasileiro Warwick Kerr, reconhecido como cientista e também como um piedoso cristão.

Devemos então reformular o que a Teologia bíblica, ao tratar do ser humano, chama de sua *queda*.

Entendo a *queda* das figuras míticas Adão e Eva como um momento de sensível ascensão. Se relacionarmos o texto de Gênesis, no Antigo Testamento, com a parábola do Filho Pródigo, contada por Jesus, vamos concluir que a *queda* significa, antes, um *insight* e o caminho do conhecimento, processo de consciência, fruto de mutação genética e espiritual, que possibilitou ao ser humano o entendimento do bem e do mal, pólos opostos que, por vezes, se fazem convergentes, como acontece no livro bíblico de Jó, quando o próprio Deus planeja uma estranha estratégia de parceria com ninguém menos do que satanás. Está escrito com todas as letras para quem deseja conferir.

Mas o homem presente nas figuras de Adão e Eva – nomes que apontam para o *ser da terra*, na língua hebraica – começa de verdade a existir como o responsável interlocutor de Deus, quando aparentemente sofre a mais dura *queda* de sua trajetória.

O comportamento inadequado que marca a ação do casal mitológico, ao fazer uso do potencial adquirido, ainda como aprendiz de tão profundo conhecimento, não justifica segundo entendo a exegese tradicional do velho relato e, talvez, de verdade nem se ajuste, pelo menos em parte, ao próprio texto, considerado canônico pelas religiões que respeitam o Velho Testamento.

Porque é fato para mim inquestionável que a *queda* descrita na bíblia marca o momento crucial do verdadeiro nascimento do ser humano. Significa aquele instante em que lhe vem à tona da consciência, com a suavidade de um sopro divino, a imagem de Deus.

A parábola do Filho Pródigo elucida. O moço parece também ser vítima de uma vertiginosa *queda*, ao se ver entre os porcos, que os judeus nem comiam, desejando alimentar-se, no chiqueiro, ainda que fosse das bolotas que os animais recebiam como alimento.

Mas o Pródigo, em seu mais importante mergulho na verdade, cai em si e no encontro consigo próprio descobre sua verdadeira natureza e destinação. E sente por isso o distanciamento em que se encontrava do Pai e o amargo sofrimento por suas primeiras e vacilantes opções. Harmoniza-se, no final da parábola, com o propósito paterno para o seu caminho. E volta consciente para casa. Nunca mais pedirá:

> *Pai, dê-me logo o que me pertence.*

Porque ele não é mais o mesmo, depois de amadurecido. E vai banir a ambição sôfrega de sua alma faminta de *ter* coisas. Por isso, solicita ao voltar, com a mente do Cristo:

> *Pai, eu apenas quero ser um dos seus trabalhadores.*

André Gide, no entanto, ao escrever sobre o Pródigo, opina que ele nunca deveria ter retornado à casa paterna, do modo como sucede na parábola. É uma interessante opinião. Apenas.

O irmão mais velho da bonita parábola não conhecia até então a *queda* e se faz nota dissonante na historieta de Jesus. Alguém que vive sem horizonte e que vai, com certeza, continuar inconsciente de tudo, no mesmo paraíso romântico do Éden, povoado por seres sem nenhum discernimento. Porque o irmão mais velho é o próprio Narciso enamorado por si mesmo, o fariseu fascinado com as próprias qualidades que declama, buscando a concordância do Pai. A *terra distante* da parábola não se confunde, já se vê, com um lugar geográfico, mas mudança de direção, fruto de metamorfose radical.

Attan, poeta persa do século XII, parece-me feliz ao captar a essência do mal. O poeta escreveu:

> *Deus disse um dia a Moisés: pergunte a Satã sua principal palavra. Quando Moisés viu o diabo, fez-lhe a pergunta. E o diabo lhe respondeu: não diga* **eu** *se não quiser tornar-se semelhante a mim.*

Esta foi a armadilha do filho mais velho. Pior do que enfrentar o Pai e partir, é não ver nada que está fora de si mesmo. Muito menos dentro. E numa sociedade de homens-ilha, cegos, surdos e mudos como os ídolos e pessoas que não passaram pelo grande *insight*, nunca haverá lugar para a compaixão, o altruísmo e a solidariedade.

Não é por isso que o educador Lauro de Oliveira Lima chega a dizer que a cola escolar se faz a única atitude solidária em muitos sistemas de educação? E compara o ato de ceder cola ao colega confuso que se encontra ao lado à ação do bom samaritano que protagoniza outra parábola que Jesus contou...

Mas a necessidade de caminhar com as próprias pernas, emigrar e assumir responsabilidades provoca também o inevitável e rascante travo de uma inquieta saudade do *paraíso perdido*, permitindo que o ser humano seja visitado pelo medo que a vida adulta, por vezes, nos inspira. A criança não chora ao nascer? E seu vagido não traduz, junto com outras observações científicas, a dificuldade de deixar o ventre da mãe tépido e acolhedor, no qual se alimenta sem necessidade de abrir a boca e até se apóia no ritmo do coração materno, para ingressar num mundo que se mostra tão hostil?

É possível que essa complexa emoção lance luz sobre a recorrente busca de prestígio e também explique a sofreguidão com que o ser humano procura misteriosos tesouros perdidos e formula suas utopias consoladoras.

Santo Agostinho rastreia com inteligência e sensibilidade esse incômodo sentimento de falta, de perda e de inquietude que nos invade sorrateiramente.

E resume:

> *A nossa alma, ó Deus, foi criada para ti, e não encontra descanso nem se aquieta, enquanto não repousa em ti.*

O ser humano, desde o seu aparecimento, tem vivido fascinantes aventuras, que podem ser acompanhadas, a partir das pinturas rupestres que ele mesmo gravou no interior das cavernas. E toda a sua longa saga posterior foi rastreada pelos cientistas de diferentes especialidades, desde as mais remotas migrações que povoaram a terra até a racionalidade lastreada de emoção que fizeram dele o foco interlocutor do Universo e de Deus, em nosso planeta.

Na verdade, vejo o homem como a única manifestação de inteligência afetiva consciente que conseguimos até agora localizar, depois de vasculhar tudo o que pôde ser alcançado com sondas e os fantásticos engenhos que a Ciência tornou possíveis.

E o homem desponta na terra como um ser plural. Ou para dizer de forma mais apropriada, como um ser social desde a sua origem:

> *Deus criou o homem* – diz a bíblia – *homem e mulher os criou.*

Qual seja então o conceito que se faça do ser humano, há sempre um pré-requisito: ele não pode ser divorciado de seu contexto social. A lenda de Rômulo e Remo – que, criados por uma loba, preservam sua humanidade e até fundam a cidade de Roma – escuda-se em absoluta fantasia, porque o homem só se realiza e constrói a sua humanidade no convívio com a sociedade, a começar pela família e suas estimulações afetivas. Então peço, por um instante, o auxílio da Sociologia.

João de Souza Ferraz nos leciona:

Felix Kreuger e Rekless vêem na pessoa uma natureza animal e outra natureza humana. Esta não existe quando o homem nasce. (...) Neste aspecto, é verdadeira a expressão de Park de que o homem não nasce humano. É devagar e laboriosamente, com o frutífero contato da vida social, na cooperação e conflito com os seus semelhantes, que o homem adquire as qualidades distintivas da natureza humana.

E Artur Ramos pontua, em perfeita harmonia com os cientistas e filósofos da sociedade:

O homem isolado é um mito. A sua personalidade só pode ser compreendida dentro do jogo complexo das influências ambientais – físicas, sociais, culturais.

Casos clássicos, como os dos chamados meninos-lobo, embora sejam controvertidos, argumentam em favor do que desejo ilustrar. O *Emílio*, de Jean-Jacques Rousseau, no século XVIII, e, mais recentemente, *O Videota*, de Jersy Kosinski, são também contribuições interessantes ao assunto em questão, bem próximas do que conhecemos como ficção científica.

Apesar disso tudo, eu não afirmaria que o ser humano é um simples resultado ou produto do meio em que se desenvolve. Sem poder demonstrar a latitude da liberdade e de que modo se daria a burla e escape dos condicionamentos sociais e da grande força coercitiva da herança biológica, parece-me que seria tolo negar a criatividade do homem para alcançar os desejos que lhe afloram nos sonhos e ganham realidade concreta através de seus feitos.

Quero ainda aprofundar adiante a consideração sobre a liberdade humana. Mas julgo importante entrar mais uma vez em contato com a afirmação contagiante de Miguel Torga:

O destino destina e o resto é comigo.

Uma denúncia, já no fim deste capítulo. Um dos mais graves deslizes da Teologia – especialmente a cristã – com relação ao ser humano é tentar entendê-lo, absolvê-lo e condená-lo como um ser *pronto e acabado*, contra todas as evidências da sabedoria que floresceu na antiga Grécia e do incessante processo de evolução, que segue alertando, com a autoridade da Ciência e a sensibilidade do bom senso, sem qualquer sofisticação que o ser humano *está sempre sendo*.

Nietzsche nos ensina:

O homem é um estudo sem final.

E Rubem Alves dá mais um passo:

> *O homem descobre-se a si mesmo diferente daquilo que as gerações anteriores haviam dito a seu respeito. Não fechado, terminado, mas aberto, incompleto, em busca permanente.* Spero ergo sum, tenho esperança, logo existo.

Assim o homem está em contínua gestação de si mesmo. É como se fosse marcado para nunca deixar de ser o embrião dele próprio.

O ser humano escapa sempre de um conceito final por estar, à semelhança de Deus, em permanente estado de transformação. Ultrapassa e transcende a cada momento suas fronteiras flexíveis. Como o personagem principal do romance *O Encontro Marcado*, de Fernando Sabino, o homem excede suas marcas e bate todos os recordes já conquistados até o momento anterior.

Constato, em meu entardecer, que a grande maioria dos sonhos pessoais que acalentei foi abortada pelas dificuldades impostas pelas circunstâncias. Mas este registro não é de autocomiseração, pois minha vida, quando apreciada como um *pacote*, me projeta como um homem vitorioso. Na verdade, me considero participante da espiral de crescimento e realização, especialmente se me lembro de que, quando menino e sofrendo fome com nosso clã em estado de falência, pedi à minha mãe de presente no meu nono aniversário um prato de batatas fritas. Mas nós todos desta numerosa família lutamos muito e superamos a barreira da miséria.

Posso também dizer, repetindo um texto bíblico:

> *Fui moço e agora sou velho, mas nunca vi um justo desamparado nem a sua descendência a mendigar o pão.*

Em mão oposta à tendência de considerar o homem como um ser acabado, a sabedoria oriental pode cometer o erro de desconsiderar as angústias e exigências dos momentos pontuais, em nome de uma visão cósmica, mas desencarnada.

Mas nada que existe é estático. A concepção imóvel do ser humano, esse homem que se encontra mergulhado em contínuas mudanças, quero repetir, é talvez o equívoco mais grave que pode ser responsabilizado por absurdas e pesadas injustiças contra a humanidade, no transcorrer da História.

Mesmo sem qualquer referência às conquistas científicas, até um débil mental sente e sabe a diferença entre o Mahatma Gandhi e Adolf Hitler. E consegue, com facilidade, distinguir Paulo de Tarso e sua vida de absoluta entrega, do imperador Nero, que foi responsável pela morte do apóstolo. Afinal, é por isso que damos, segundo acredito, o nome de Paulo aos nossos filhos, e de Nero aos nossos cães.

4

EM BUSCA DA LIBERDADE

Não se preocupe muito com a liberdade, se de fato quer sentir-se livre. Fuja dos conceitos, pois eles nos confundem. Livre é aquele que livre se imagina. Ou alguma coisa muito parecida.

É mentira. A Liberdade, do modo que nos ensinaram nos bancos escolares ou que aprendemos de oitiva, acompanhando as conversas dos adultos e as bravatas dos palhaços políticos despejadas dos palanques montados nas campanhas eleitoreiras, com comícios, palmas, foguetórios e chuvas de panfletos mal redigidos em papel ordinário, é uma mentira. Uma grande mentira!

Liberdade é uma das palavras mais repetidas, desde que o ser humano se viu apto a representar com símbolos falados e escritos o seu pensamento abstrato, um fato que data de épocas remotas.

No tempo de Homero, porém, ainda não se conhecia a escrita, na antiga Grécia... Como então poemas alentados, como a *Ilíada* e a *Odisséia*, sobreviveram? Apenas por tradição oral? E esta não seria uma façanha tão incrível quanto memorizar a bíblia inteira? Mas sobre tal assunto, não nos diz respeito tecer comentários, ao menos por agora. O tema do capítulo é outro.

Tantos morreram pela liberdade e gritaram esse vocábulo como a última coisa que faziam em vida. Uma enormidade de livros também discute no transcorrer da História a busca e os desafios da liberdade. Demagogias abusam da citação dessa palavra mágica que entope folhetos inflamados ou é berrada nos comícios folclóricos, como os de Odorico Paraguaçu, criação de Dias Gomes, a serviço de campanhas políticas excêntricas, mas deliciosas. Ou no aliciamento clandestino de movimentos históricos da maior importância, como a Revolução Francesa e a Maçonaria, envolvidas em lutas libertárias. E sobretudo através de incontáveis reflexões e debates filosóficos que aprofundam o significado da liberdade, na caminhada solitária e silenciosa do homem ou na efervescência das agitações sociais.

As pessoas instruídas têm, em geral, uma idéia razoável do que é a liberdade, embora sem nenhuma profundidade. Não é mesmo fácil dissecar qualquer assunto, razão porque até a divulgação apressada dos jornais tem os seus articulistas especializados, e o mundo todo, cada vez mais, caminha para marginalizar os que não recebem formação específica em alguma área. O quadro sombrio, que a cada dia se agrava ainda mais no Brasil, é o de verdadeiras legiões de pessoas desprovidas de especialização em coisa alguma, que significam apenas mão-de-obra mais barata, e o incontornável aumento do desemprego, trazendo dramas sociais cíclicos, como já acontece nos países mais pobres da Europa.

Com o fito de somente esboçar o entendimento científico quanto à liberdade, começo informando que estudos sociológicos aliados às pesquisas da Biologia não facilitam o propósito de visualizá-la com contornos mais nítidos porque, com base nos condicionamentos sociais e naquilo que se conhece como determinismo biológico, fica difícil traçar qualquer dimensão objetiva e concreta da liberdade.

Na verdade, quem se propõe à avaliação científica das influências biológicas e sociais sobre a formação e comportamento do homem, conclui que lhe sobra pouco espaço para proclamar a liberdade humana.

Devemos então entender que, à luz da Ciência, a liberdade não existe?

Sugiro que caminhemos mais devagar. Eu não seria tão afoito para concluir dessa forma, logo no primeiro minuto em que surge algum obstáculo, até porque há vários milênios que se vive e se morre pela liberdade, e os estudos sociais, por exemplo, conquistaram o *status* científico através da Sociologia, apenas há pouco mais de um século.

É verdade que a liberdade sem fronteiras é um mito usado, com certa exacerbação, pelos levianos e ignorantes. Aparece também na literatura utópica, incluindo-se aí as buscas e expectativas das religiões. E também se impõe como a tônica dos hinos pátrios, quase todos violentos e a conclamar o povo para embates que já empaparam as arenas de *sangue impuro*, como se canta na *Marselhesa*. E a menção à liberdade impera, através desses hinos, na empolada retórica guerreira.

Nessas situações todas, a menção à liberdade absoluta não prima pela coerência. Dou um exemplo. Os calvinistas dizem aceitar a dupla predestinação, determinando desde sempre quem já está salvo ou perdido, sem nenhum remédio nem apelação. Mas subscrevem também o livre-arbítrio!

Não me parece o mais correto apelar, neste caso específico, para a perspectiva dialética. Ou não? Mais à frente volto ao assunto.

Paul Chauchard, considerado durante muito tempo o maior neurofisiólogo do mundo, afirma que só o homem pode ser livre, porque o processo de sua cerebrização transferiu para o cérebro superior as funções do cérebro instintivo do animal. Assim, apenas o ser humano pode se entregar aos seus impulsos ou refreá-los, porque somente ele desenvolve a possibilidade de fundamentar sua conduta numa decisão refletida. Saber querer é primeiro manter-se em boas condições de equilíbrio cerebral, conservando a aptidão para o domínio de si mesmo.

Entendo, porém, que um exame atento e não tendencioso do complexo pensamento de Chauchard nos mostra que o ser humano possui a mencionada cerebrização. Apenas isto. Quanto à liberdade, parece-me que as premissas levantadas pelo sábio têm pernas mais curtas do que a sua pretensiosa e elástica conclusão.

Mas, por outro ângulo, o *domínio de si* não estaria engravidado pela liberdade do ser humano?

A Parapsicologia que, cada vez mais, se afirma em bases científicas, cercando de isenção e do maior rigor as suas experiências, detecta o que chama de pré-cognição, a saber, o conhecimento do que ainda não aconteceu. E dá assim mais um passo no sentido de negar, ao menos, a liberdade plena do ser humano como uma impossibilidade, que me parece muito difícil de ser questionada.

De qualquer forma, a facilidade com que levantamos os fatores sociais que condicionam a nossa conduta e o peso de causas biológicas que marcam o nosso comportamento e atitudes se tornam uma barreira intransponível, quando nos atrevemos a demonstrar a essência livre de nossas ações.

Peter Berger, sociólogo americano, argumentando com outro eixo e perspectiva, nos fala que o problema da liberdade não pode ser resolvido empiricamente, vale dizer, não é susceptível de comprovação através dos métodos científicos. E então o sociólogo tece novos e sugestivos comentários, em que demonstra, com clareza, a relatividade do determinismo social.

Em linhas bem resumidas, Berger apresenta a impotência da sociedade em manter ordem e disciplina diante de certos processos de renovação e de revolução que provocam transformação total, trazendo tumultos às normas de regulação e colocando toda a organização social de pernas para o ar.

É preciso então aproveitar o atordoamento resultante da balbúrdia social com criatividade e certa cota de esperteza ou maroteira, e usar qualquer brecha ou ponto fraco da sociedade, para obter, a partir daí, o que desejamos. E antes de outra e qualquer consideração, fica claro para mim que o malandro é mais livre do que as pessoas certinhas e comportadas. Talvez tenha sido por esse motivo que o próprio Jesus chega a recomendar:

Sejam espertos como as cobras...

Levar no ridículo as posições firmadas ou mostrar descrédito em relação aos valores vigentes também abala as regras de uma sociedade tiranicamente imposta. Este é de resto o canal que se abre à influência satírica e até corrosiva do humorismo inteligente, e por onde também interferem os que se recusam a levar com seriedade ou a fazer parte da permanente *comédia humana*.

Ainda funciona, como logro da sociedade, o alheamento do homem, quer seja através de uma religião excêntrica, dos tóxicos ou de qualquer forma de alienação, pois estes e outros expedientes representam a possibilidade de sair do domínio ditatorial da sociedade, quando não a toleramos nem nos dispomos a lutar por sua transformação.

Acho que esclareci o pensamento de Peter Berger, mas repito que o sociólogo nos ensina um conjunto de truques simples, que significam, porém, verdadeiras rasteiras no petulante controle social que a todos nos submete, com tirânico poder. Apesar de Augusto Comte, incisivo quando deseja falar da esmagadora força da sociedade para nos tatuar com suas regras severas e inflexíveis. E não deixa por menos:

Os mortos governam os vivos.

Peter Berger, por seu turno, segue em outra direção e aponta um outro modo de quebrar o determinismo do meio que nos condiciona, se aprendermos a utilizar, com aplicação cuidadosa e sensível, a verdadeira arte da manipulação.

Trata-se de interferir no sistema, quase sempre um paquiderme lerdo e travado pela burocracia, para atingir o que nos interessa. É um expediente que adota certas doses acentuadas de malandragem, e seu uso é muito freqüente nas prisões, hospitais e outras tantas instituições, com quase invariável sucesso dos manipuladores ardilosos.

Dentro dessa perspectiva, a sociedade parece perder, pelo menos, boa parte de sua esmagadora influência. E o pensamento existencialista de Jean-Paul Sartre se rejuvenesce e ganha nova força, quando sustenta, embora com outros pontos de apoio não aventados pelo sociólogo:

Fomos condenados à liberdade.

Aceito, como Berger, que, dentro de certos limites, o ser humano possa burlar a vigilância social e fazer opções. Também entendo que o homem é o foco consciente e interlocutor de Deus em nosso agredido planeta. É com base nessa dupla compreensão que rejeito uma sociedade automatizada e formada melancolicamente por eficientes robôs.

Faço agora uma breve digressão, antes de encerrar o presente capítulo. A relação entre liberdade e responsabilidade merece enfático destaque e absoluto escrúpulo, pois como seria possível cobrar de quem age sem liberdade absoluta, mas tangido e pressionado por invencível influência da sociedade, qualquer tipo de plena responsabilidade pessoal?

Se tudo indica que a liberdade do ser humano está longe de ser irrestrita, creio que os nossos julgamentos são injustos, à medida que as avaliações deixam de traduzir, com absoluto cuidado, respeito, compreensão e tolerância. Em uma palavra, sempre que faltar amor.

Com freqüência, também falhamos diante de quem comete grandes e pequenas faltas, não tanto pelo fato de nos apoiarmos em normas de repressão legítimas e legitimadas pelo Contrato Social – o que sempre se espera de um cidadão correto, um homem de bem –, mas porque nos falta o generoso exercício da compaixão. Albert Camus dá o tom exato:

Só conheço um único dever, o de amar.

Sempre que nos percebermos tentados a agir com impiedade ou a julgar o outro de maneira leviana e farisaica, não contemos apenas de um a dez, porque essa medida de precaução, como se sabe, nem sempre produz acerto. Sugiro algo mais eficiente. Pense alguns segundos sobre a advertência de Jesus:

Não julguem para que não sejam julgados, porque com os mesmos critérios que vocês julgarem, os outros também julgarão vocês.

E o Cristo passa a dirigir-se a um só interlocutor, como se estivesse falando face a face com alguém:

Hipócrita! Tire primeiro os bloqueios e todos os seus próprios antolhos, para enxergar com clareza o cisco que está no olho de seu irmão.

Somente Deus esquadrinha e conhece a equação que elucida, sem falhas e desproporções, o problema da liberdade e da responsabilidade humana.

Parece óbvio que, embora a violência do vício que nos leva a esculpir o perfil divino com as deformidades que são bem nossas, Deus não se contamina com paixões humanas e todos os tipos de injustiça praticados pela sociedade ou decorrentes de nossas distorções solitárias. Mas esses desvios e limites, que nascem de nós, deveriam ser corrigidos e escoimados ou, pelo menos, explicados em notas de rodapé, uma vez que a mentalidade e a simples linguagem antropomórfica podem prejudicar o correto entendimento dos próprios textos bíblicos.

É preciso então estabelecer que apenas Deus tem a perfeita sabedoria e ciência. O ser humano prossegue tateando e querendo descobrir.

Deixemos, portanto, qualquer tipo de julgamento moral nas mãos divinas. São boas mãos.

5

O BEM E O MAL

Positivamente, não posso ser apresentado a Satanás: como André Gide, sofro a tentação de entender as razões do adversário, escreveu Otto Lara Resende. Também eu lhe digo que, se acreditasse na existência, física ou não, do diabo, conceberia que ele poderia ser bem capaz de arrepender-se, renunciando de vez ao papel de solerte vilão na luminosa história engendrada por Deus...

O relato saiu na antiga revista *O Cruzeiro* e tem a chancela do humor genial de Millôr Fernandes. Vou tentar resumi-lo para você com objetividade e economia de palavras.

O menino escoteiro sai à rua com seu cachorro para dar um passeio e disposto a praticar a boa ação do dia. Viu quando um velhinho estropiado se esforçava para pegar o bonde, sem qualquer possibilidade de chegar a tempo, dada a dificuldade de seus passos arrastados e claudicantes.

O escoteiro reflete alguns segundos e decide. Atiça o cachorro contra o velho, que corre como pode e, embora esbaforido e com os bofes saindo pela boca, alcança o bonde.

E o menino volta para casa, certo de que havia praticado o bem.

Uma elementar questão de perspectiva...

Nosso filósofo Antônio Cícero, talvez, objetasse com erudição e sensibilidade:

Se tudo é relativo, não há certo nem errado; se tudo é relativo, não há verdade absoluta.

O senhor está certo, filósofo. Mas o relato de Millôr também não está errado. Não é a isto que chamam de dialética? Gosto muito de um aforismo de Diderot, que mostra como a flutuação da verdade aproveita a justos e injustos:

O olho do filósofo e o olho do soberano vêem de maneira bem diversa.

Não será perda de tempo, se você, meu leitor, refletir sobre interessante observação atribuída ao poeta Fernando Pessoa, em nota solta e não assinada. Creio que, em poucas palavras, o pequeno texto nos ajuda a entender esse interessante ponto. Confira:

> *Encontrei hoje em ruas, separadamente, dois amigos meus que se haviam zangado um com o outro. Cada um me contou a narrativa de por que se haviam zangado. Ambos tinham razão. Ambos tinham toda razão. Não era que um via uma coisa e outro, outra, ou que um via um lado das coisas e outro, um lado diferente. Não; cada um via as coisas exatamente como se haviam passado, cada um as via com critério idêntico ao do outro, mas cada um via uma coisa diferente, e cada um, portanto, tinha razão. Fiquei confuso dessa dupla existência da verdade.*

É importante sublinhar agora que não existe na vida dos seres humanos um único ato que possa ser considerado livre, no sentido absoluto da palavra. Porque as nossas intenções e gestos esbarram nos limites e contingências da estrutura humana. E se passamos a refletir em termos teológicos, temos de considerar, sobretudo, que também estão sujeitos ao projeto de Deus para todas as coisas.

O capítulo anterior já palmilhou parte desse caminho, mas quero dar alguns passos mais. Porque não me parece sensato nutrir expectativas a respeito do que *deve* fazer o homem, para aceitar ao mesmo tempo que engolimos nossa romântica pretensão, o que, com efeito, o ser humano *pode* e tem condições de dar conta. Porque é justamente nesse ponto indeterminado para o nosso conhecimento atual que tem origem toda responsabilidade moral e ética do homem diante do bem e do mal que venha a praticar.

Mas não é fácil nem simples ser em tudo verdadeiro, ao preço de abrir mão do que nos é vital ou muito importante, quebrar nossa imagem pública e merecer toda uma gama de punições.

Já faz tempo que li um livro muito interessante: *Atentado à Verdade – A Supressão por Freud da Teoria da Sedução*, de Jeffrei Mousaief Masson.

Em linhas bem gerais, Masson, que durante anos teve a guarda dos arquivos de Freud na Inglaterra, nos conta que o pai da Psicanálise, depois de discorrer sobre as seduções destrutivas que as crianças sofriam dos adultos e, com muita freqüência, dos próprios familiares, recuou em sua posição, para não escandalizar a sociedade de Viena. Isto é, Freud cometeu um atentado à verdade para não ser malvisto e marginalizado pelos vienenses, em especial, pela Comunidade Científica.

Hoje, os jornais noticiam e as estatísticas registram esses mesmos fatos cruéis contra os menores. Freud, nos seus dias, já conhecia o problema e meditara sobre ele, mas negou os próprios estudos, visando vantagens pessoais. Foi o seu limite?

É bom ainda acrescentar que moral e ética têm um núcleo de bom senso universal, trabalhado pelos diferentes grupos sociais na elaboração das várias normas de comportamento, sujeitas a variações no tempo e no espaço, isto é, em épocas diferentes e localizações geográficas diversas. Trata-se de um processo cultural que atua incessante sobre os usos e costumes de todos os modelos de sociedade, expressos como *folkways, mores e leis*, motivos de pesquisa da Sociologia do Direito.

Ao contrário do que pensam as pessoas mais simples, os conceitos e valores estão longe de ser imutáveis e permanentes, porque sensíveis a incessantes metamorfoses e às mais profundas modificações.

Os exemplos proliferam. Separo alguns. O amor tinha, para os gregos antigos, expressões patéticas; é individualista para os românticos de todos os tempos; e em nossa época, tende a tornar-se um jogo de sexo, sem maiores compromissos ou responsabilidades, isento de mistérios, glamour nem mais nenhuma poesia.

A beleza não segue também os mesmos padrões e modelos em todas as Culturas. Em algumas tribos da África do Sul, mulher bela é mulher gorda, tão obesa que não possa mais caminhar, justo o oposto de nossas jovens que desfilam nas passarelas elegantes, esguias, esqueléticas.

Alguns povos da África do Norte consideram bela a mulher que tiver o maior número e as mais complexas cicatrizes mandadas tatuar em seu corpo.

Outros ainda vêem beleza em deformações provocadas nas orelhas, lábios, pescoço e no próprio crânio.

É bom lembrar que, em nossa Cultura, já encontramos alguns adereços extravagantes que não eram usados por ninguém até recentemente, e adesão cada vez maior dos jovens de ambos os sexos às tatuagens.

No Ocidente, em geral, o pudor se concentra na genitália; na antiga China, nos pés; as muçulmanas ainda escondem o rosto; há uma tribo na Austrália que não vê como feio nem indecente defecar ou manter relações sexuais em público, mas julga imoral e promíscuo alimentar-se à vista de outras pessoas.

Em diversas áreas do Brasil e do mundo, a virgindade ainda é tabu. Na Ilha Calabar, porém, a virgindade era um fato tão desonroso que poderia provocar um tipo de aberração inconcebível para nós, pois se efetuava o defloramento mecânico da jovem que morresse virgem. Apenas assim, segundo as crenças correntes, ela seria recebida pela divindade.

Entre os costumes de alguns habitantes da Austrália, existe a exigência de que a noiva tenha um filho antes do casamento, mesmo que seja de outro homem que não o noivo. É o modo de provar que já se tornou realmente uma mulher pronta para constituir sua família. Convenhamos que, neste caso, até que faz algum sentido para a nossa forma cultural de entender tal assunto.

E eu poderia, na multiplicação desses exemplos, discorrer sobre as flutuações do próprio conceito de feminilidade e masculinidade, investigar os diversos modelos de família, as interrogações provocadas pelo homossexualismo, as interdições alimentares, as variações de conceitos e valores, no plano social e mesmo de pessoa para pessoa.

Seria ainda interessante um olhar atento e crítico sobre o curioso papel que ocupa o *anti,* no mundo pós-moderno. E, sobretudo, atentar para o fato de que não conhecemos o mundo, mas as nossas idéias a respeito do mundo, o que nos torna, ao menos neste sentido, adeptos do Existencialismo.

Partilho agora com o meu amigo leitor a pergunta que já venho amadurecendo, desde os meus dias colegiais. Acredito que meditar sobre esta questão é um oportuno exercício de tolerância, sem nenhum ranço de pieguice. Responda então:

> *É possível falar como um dogmático sobre o bem e o mal? É justo impor ao homem de todas as latitudes deste nosso mundo de explosiva pluralidade um único e inflexível modelo ético-moral com o poder de aplicar injustas sanções, de maneira indiscriminada? Alguma coisa como uma justiça cega ou vendada?*

Talvez possamos apontar, no terreno da ética e da moral, como já foi dito acima, algumas marcas que pareçam definitivas, refletidas nos diferentes sistemas que conhecemos, no âmbito filosófico e em especial na esfera da Teologia. Algo assim como não fazer a ninguém o que não queremos para nós. Ou para dizer na forma afirmativa, como de resto sempre acontece com as normas originadas do pensamento cristão, fazer ao outro o que desejamos para nós, amar ao próximo como amamos a nós mesmos.

A propósito, você já observou que não existe nenhum mandamento para que o ser humano se ame? Porque o amor próprio é natural como a respiração e os batimentos cardíacos. Quando alguém não se ama, este fato deixa de ser um problema específico de Teologia, passando para a alçada da Psiquiatria, que trata da desorganização mental do ser humano.

Há momentos em que o bem e o mal se tocam e se confundem porque as fronteiras ou linhas divisórias que condicionamos em nossa mente para separá-los com clareza perdem a costumeira nitidez e sobra toda uma ampla zona de difícil discernimento. Goethe intuiu e nos legou um registro revelador:

> *Há sempre uma forte sombra onde existe intensa luz.*

Já mencionei no corpo desse trabalho o livro bíblico de Jó que entendo como uma grande parábola. O texto relata que, na assembléia presidida por Deus, satanás também tem assento. E diz mais. Afirma que Deus celebra acordos com o diabo a respeito de Jó, que parece ser a única vítima de toda a história.

E em outra passagem, Deus profere textualmente uma frase que muitos prefeririam não ter de encontrá-la na bíblia e então se ver às voltas para providenciar-lhe, de qualquer jeito, uma interpretação que seja plausível e ao mesmo tempo não revolucione seu quadro básico de referências teológicas tradicionais. Porque Deus confessa nada menos do que esse absurdo imprevisível, que até se assemelha às artimanhas escusas de algum herege:

> *Eu crio o mal.*

O pastor e psicanalista junguiano John Sanford enfrenta com coragem o problema da *sombra* em nossa mente, que corresponde ao *inconsciente* na terminologia freudiana, como também ao *mal*, de acordo com o jargão teológico.

Assegura-nos o pastor que não adianta negar a nossa sombra, porque ela é parte importante de nós mesmos. A sabedoria ou bom senso está em desenvolver mecanismos de controle e aprender a administrar as pulsões que atuam em nosso comportamento.

Para Sanford, esse lado, em grande parte ainda desconhecido da mente humana, é responsável pelo humorismo, a fantasia, a criatividade, os atos falhos ou obtidos – coisas que estão longe de ser taxadas ou catalogadas como negativas, muito pelo contrário. A vida humana perderia grande parte de seu sabor, não fosse essa sombra que se integra e traz *molho* à nossa forma de ser.

E o pastor e psicanalista traça um paralelo entre Jesus e Paulo de Tarso. Paulo se atormenta por causa de seus impulsos sombrios, e chega a clamar, num clima de culpa e de confissão penitencial:

> *Sou um homem miserável! Quem me livrará deste corpo de morte?*
> *O bem que anseio eu não faço, mas pratico o mal que detesto...*

Um autêntico tormento!

Mas Jesus não se constrange de usar o azorrague para expulsar os cambistas que operavam no Templo, e ali instalaram um balcão de comércio.

O mesmo Jesus nem quer ser chamado de bom, segundo o Evangelho. E nos recomenda com todas as letras:

Sejam espertos como as cobras e sem maldade como as pombas...
Façam amigos com o dinheiro da iniqüidade.

Cabe-nos respeitar os usos e costumes, frutos de Culturas diferentes da nossa, com suas normas de comportamento que nos parecem extravagantes, assim como nossa forma de agir deve também ser exótica para outros povos.

Não estamos sozinhos no mundo nem somos os amos da verdade. É possível opinar ou dialogar sobre a mutilação da genitália feminina e mesmo sobre a circuncisão judaica, mas não temos o direito de invadir, com medidas de repressão e preconceito, as concepções e construções mentais dos outros povos. Até porque é muito difícil de dar certo, e eticamente insustentável.

Será que a amarga experiência dos missionários ingleses e americanos nunca aumentará a nossa prudência e excluirá a pretensão que nos torna sempre colonizadores e apregoadores de um modo de vida, um *way of life*, que nada tem em comum com a fé que dizemos viver?

Embora falando a linguagem religiosa, podemos estar cumprindo políticas imperialistas.

No caso do Brasil, os índios que aprendiam latim com os jesuítas sofreram sérias interferências culturais, sem qualquer bom senso e conhecimento de critérios antropológicos, como aconteceu também na Índia e na China. E o desrespeito começava com o desprezo da religião dos nativos, a desconsideração de seus valores e até mesmo a intervenção indevida em sua composição familiar.

Num plano maior e ainda mais trágico, os índios brasileiros terminaram envolvidos, pela ganância do colonizador, num verdadeiro genocídio.

Carlos Rodrigues Brandão, analisando em outro contexto problema semelhante, fez este importante comentário que lhe passo com alguns cortes, mas mantendo o sentido geral:

Certa vez, os governos dos Estados da Virgínia e de Maryland, nos Estados Unidos, sugeriram aos índios que enviassem alguns de seus jovens para estudar nas escolas dos brancos. Na carta-resposta, os indígenas agradeciam, mas recusavam a sugestão. Eis um trecho dessa carta, logo em seguida.

Nós estamos convencidos – dizem os índios – *de que os senhores desejam nosso bem e agradecemos de todo o coração. Mas aqueles que*

> *são sábios reconhecem que existem diferentes concepções das coisas e, sendo assim, os senhores não ficarão ofendidos ao saber que a vossa idéia de educação não é a mesma que a nossa.*
>
> *Muitos dos nossos bravos guerreiros foram formados nas escolas do Norte e aprenderam toda a vossa Ciência. Mas, quando eles voltavam para nós, eram maus corredores, ignorantes da vida própria da floresta e incapazes de suportar o frio e a fome. Não sabiam como caçar o veado, matar o inimigo ou construir uma cabana, e falavam nossa língua muito mal.*
>
> *Eles eram, portanto, totalmente inúteis. Não serviam como guerreiros, como caçadores ou como conselheiros.*
>
> *Ficamos extremamente agradecidos pela oferta e, embora não possamos aceitá-la, para mostrar a nossa gratidão concordamos que os nobres senhores da Virgínia nos enviem alguns de seus jovens, que lhes ensinaremos tudo o que sabemos e faremos deles, homens.*

Estamos diante de um convite gentil e de uma resposta cortês. Mas basta descer um pouco mais fundo e investigar o que lateja sob as aparências, para encontrarmos um outro texto não escrito ou declarado e com interesses culturais diferentes que estão muito longe de serem nobres, mas apenas diplomáticos.

A tentativa de seduzir os jovens índios já fora feita anteriormente com resultados que não agradaram aos indígenas. Daí toda a ironia da carta e até mesmo o preconceito cultural dos índios que vêm à tona com uma agressividade apenas debaixo de indisfarçável controle.

É assim perfeitamente compreensível que o surto de nacionalismo, que eclodiu na época das grandes missões protestantes, tenha levado muitos povos colonizados a expulsar, em outras situações históricas, até os missionários honestos, com os exploradores que ocupavam sua terra.

Mas voltemos ao tema principal do capítulo.

Ouso dizer que, mesmo os maus, apesar de sua maldade, nada sabem sobre a origem do mal nem sobre o mal em si e a sua essência. Apenas estão cientes, com todos os outros que também se preocupam com este assunto, que o mal marca presença antes dos mitológicos demônios, porque estes também foram *tentados* a praticar maldades... Não nos ensinaram sempre que a ambição de Lúcifer levou-o com sua falange de anjos a tornarem-se demônios, quando se rebelaram contra Deus?

Sabemos também que, com uma simples mudança de perspectiva, se desmorona a nomenclatura que designa *bem* e *mal*, e esfumam-se ou se dissolvem os nossos sistemas todos e a rigidez que tantos vêem nos usos e costumes, sempre tão frágeis e provisórios, no tempo e no espaço.

Arnold Toynbee, filósofo da História, chama ainda a nossa atenção para certas tendências cíclicas, no terreno do comportamento social. Entende Toynbee, por exemplo, que a chamada moral vitoriana é sempre seguida de inevitável liberação de costumes, enquanto o nosso modelo atual, com tamanha permissividade e normas de controle frouxas ou nulas, parece preparar o caminho para a volta de uma regulamentação de feições vitorianas.

É interessante observar que, justo no momento em que já se afirmava, às gargalhadas, que a estátua da Liberdade, em Nova York, cumprimentava as moças virgens que desfilassem em sua frente, fazendo-lhes declarada vênia com sua tocha, legiões de jovens começaram a assumir compromisso de castidade antes e fora do casamento.

Apenas o medo da Aids explicaria mudança tão radical?

Relatei, no início deste capítulo, a crônica bem-humorada de Millôr Fernandes, que mostra como, tantas vezes, bem e mal podem se resumir a um ponto de vista ou a uma simples questão de perspectiva.

Há muitos graves problemas que seguem, nessa esteira, mostrando o relativismo dos nossos conceitos e preconceitos.

Vou exemplificar com algumas perguntas que provocam respostas complexas e diversas:

A eutanásia é um crime ou manifestação de compaixão e misericórdia? A delação é um bem ou um mal? O *bonzinho* representa sempre o bem? Os *maquiavélicos* estão de que lado?

Mentir é a tradução do mal? A mãe superprotetora educa bem a sua ninhada? O palavrão expressa o mal que explode rascante de nossa boca? No beijo transita sempre o bem querer?

Quem reivindica os seus direitos é um homem petulante e prepotente? Dizer *não* e negar o que nos é pedido tem lugar no processo educativo e pode expressar o nosso amor? Dar esmolas é fazer o bem?

Para responder com atenção a essas e a outras perguntas semelhantes seria preciso estar disposto a escrever, à parte, um outro livro mais alentado do que este.

Mas quero ainda dar alguns exemplos, colhidos da própria experiência.

Em uma de minhas viagens, registrei em dois países diferentes um estranho comportamento que pode ser reproduzido na vida de qualquer pessoa.

No Palácio do Escorial, na Espanha, o panteão dos mortos foi construído com luxo e requinte. Até aí tudo bem. Sepultar os mortos é ato de compaixão e humanidade. Acontece que os quartos e dependências do palácio, onde viviam seus ocupantes, é de uma simplicidade constrangedora, se levo em conta que, afinal, estou numa construção levantada para reis, onde apenas os mortos são cercados de apurado luxo.

Já no Egito, nem encontro vestígios dos palácios dos faraós e suas residências, construções mais frágeis que se esfarelaram com os anos contados em milênios, mas ainda firmes lá estão os túmulos e monumentos erigidos em memória aos mortos. As enormes, majestosas e misteriosas pirâmides dominam a paisagem um tanto hostil há mais de cinco mil anos.

Percebi, nos dois casos, a valorização e o culto da morte. Ainda hoje observo uma preocupação maior com os corpos sem vida do que com os vivos que habitam aos milhares os cemitérios do Cairo, para a perplexidade de quem visita o país.

O Natal tem, entre outros, um significado prioritário, que o próprio Jesus quis deixar claro para sempre. A declaração é conhecida e repetida nos púlpitos e nos livros que investigam a razão do importante nascimento que dividiu a História:

> *Eu vim para que vocês tenham vida, vida abundante!*

A despeito disso, a Cristandade e outras expressões religiosas não amansaram a sua disposição para a violência contra os divergentes, mas continua e ganha os dias atuais o derramamento de sangue, que reporta às Cruzadas, às guerras religiosas, à Inquisição. Aos tempos do Gênesis. A todos os tempos e lugares.

Em seu livro *A Origem da Tragédia*, Nietzsche, que nesta e em outras obras vergasta a Cristandade, que ele considera eivada de desvios e deformações, é levado também a fazer esse reconhecimento que bem mostra o fermento de vitalidade abundante que o Cristianismo traz com a mensagem e a vida de Jesus:

> *... o escravo se torna livre, rompem-se então todas as barreiras rígidas e hostis que a miséria, o arbítrio e o modo insolente criaram entre os homens. Agora, pelo evangelho da harmonia universal, cada um se sente reunido com seu próximo, não apenas reunido, reconciliado, fundido, mas idêntico em si, como se o véu de Maia se houvesse rasgado e dele não restassem senão os farrapos flutuando diante do misterioso UM primordial.*

Mais duas experiências apenas e este capítulo interminável receberá seu merecido ponto final.

Visitando a Turquia, em 1993, cheguei a Istambul, a cidade do Islã. Trata-se de uma bela metrópole, edificada em dois continentes – o asiático e o europeu – ligados por uma ponte moderna e muito bonita, que o visitante cruza como uma atração turística.

Quando percorri a parte antiga da metrópole, revivi muitos fatos históricos do Império Romano do Oriente, quando a cidade chamava-se Constantinopla. Lembrei-me, em especial, do imperador Constantino, que lhe deu o nome, e da improvável visão da cruz com os dizeres de ocasião, que ele insistiu em divulgar:

Sob esse signo você será um vitorioso.

O certo é que o imperador impôs sua vitória militar e foi arbitrário e cruel, batizando à força os povos dominados, sem mostrar respeito algum para com a vida humana e os valores das outras nações.

Mas veio o troco histórico.

Em 1453 os turcos tomam Constantinopla, mudam seu nome para Istambul. E perseguem os cristãos, seqüestram-lhes templos e transformam suas igrejas em mesquitas, como a de Santa Sofia. Ainda hoje existe a dúvida: uma santa com o nome de Sofia? Ou menção à sabedoria na língua grega?

Uma exposição no The Jewish Museum, em Nova York, montada nos anos que encerravam o segundo milênio, serviu de importante amostragem do que poderia ter sido sempre, se houvesse uma política de boa vizinhança e um nível satisfatório e desejável de tolerância entre as diferentes Culturas, com seus diversos modelos religiosos.

Obras de arte, documentos, textos científicos e vários objetos revelaram que três das mais importantes correntes religiosas que vivem engalfinhadas em incessante conflito conseguiram conviver sem ódios nem guerras, mas em sadia e inteligente atmosfera de cooperação. Mais do que meras palavras, o acervo exposto mostrava de forma concreta que judeus, cristãos e muçulmanos cultivaram por 781 anos um relacionamento amistoso na Espanha medieval.

E a exposição deixou claro como a solidariedade e tolerância religiosas incentivaram o progresso artístico e científico, nesta verdadeira ilha de paz que aconteceu durante o domínio árabe, dos anos 711 a 1492.

A própria história judaica classificou como Idade de Ouro o abençoado tempo em que o sábio Maimônides pontificava e era possível imaginar jovens judeus estudando com mestres árabes, e estudantes cristãos tendo lições com professores judeus.

Enfim, judeus, cristãos e muçulmanos puderam trabalhar juntos para o desenvolvimento das artes, da astronomia, da arquitetura e das ciências como um todo.

Até que a convivência harmoniosa, que sobreviveu com poucos arranhões durante o período, foi partida em 1492, com a expulsão dos judeus pelos reis católicos, Fernando e Isabel.

Os outros ramos religiosos feridos acabaram então cometendo também abusos semelhantes.

Esta a razão porque há quem acredite que o fim das guerras religiosas deverá determinar a extinção de todas as guerras que assolam a terra, constatação trágica para quem adota um dos diversos caminhos da fé. Trata-se, na verdade, de um comentário que ainda consegue ser mais drástico e melancólico do que a guerra em si. Imaginar o nível de incoerência e ambigüidade encarnado no guerreiro cruzado que parte para a pilhagem com a cruz no peito, a espada nas mãos e nos lábios, a mentira de que vai libertar o túmulo de Jesus!

E o que poderia eu dizer das cruzadas infantis, que terminaram em tragédia para milhares de crianças, mortas em combates absurdos ou vendidas como escravas? Porque até seus pais acreditaram nos aliciadores das crianças com seu absurdo argumento de que ninguém resistiria aos pequenos e verdadeiros anjos de Deus...

Deve ter sido o próprio Lúcifer que, deixando o seu papel simbólico e explicativo dentro da mitologia, se meteu a inventar a amaldiçoada expressão, que é o deboche dos deboches: *guerra santa*!

Qual!

6

MUNDO

> *De tal maneira amou Deus ao mundo que deu seu filho unigênito, foi o que disse Jesus. Mas já houve um dilúvio e muitos entendem que a terra poderá conhecer muito breve o seu fim, se o ser humano não ouvir a advertência da Ecologia... Também, pudera! Tudo indica que este mundo aí, na verdade, não deseja ser amado...*

De cosmo a cosméticos! Assim é a palavra grega *cosmos*, traduzida em nossa língua comumente por mundo, mas rica de outros significados que derivam de sua raiz e são também marcados pela influência da mentalidade cristã ocidental. Entendo que num pequeno livro como este, distinguido por você neste exato momento com sua generosa atenção e leitura, três dos principais conteúdos básicos provindos de *cosmos* merecem um certo destaque que podemos agora partilhar em comum, como fazemos com o pão da Eucaristia.

Se eu uso o vocábulo *mundo*, posso estar me referindo ao Universo e à totalidade das coisas que existem, com sentido igual ao que obteria se dissesse cosmo.

Mas a mesma palavra se identifica também com a Terra, servindo, com grande freqüência, para designar o planeta que nos abriga, agredido pelos crimes ecológicos que ameaçam com imensa gravidade o nosso futuro. O futuro da própria vida, como a imprensa, em coro com os cientistas, nos faz saber num tom que beira o alarmismo:

Faltam cinco minutos para a meia-noite!

Lembre-se também, embora de passagem e a título de curiosidade, de que a evocação da imensa beleza e harmonia do cosmo está na origem do vocábulo *cosmético*. Mas não listo esse sentido derivado por me parecer acidental, no presente ensaio.

Mas há ainda um importante e terceiro significado que *mundo* nos comunica, bem menos conhecido porque de uso quase exclusivo do vocabulário teológico. Trata-se de empregar a palavra *mundo* carregada de conotação teológica negativa, como localizamos em alguns textos específicos, facilmente identificáveis no Novo Testamento, que inventariam com toda a clareza a tensão entre o bem e o mal.

Os religiosos conservadores, porém, traduzem essa palavra sem nenhum critério, não apenas nestes casos, mas todas as vezes que o vocábulo aparece na bíblia e na literatura religiosa como perfeito sinônimo das forças organizadas do mal. Por sinal, a palavra *carne*, usada por Paulo de Tarso com conotação teológica também negativa e passando o sentido de mal e pecado, padece de igual equívoco no vocabulário dos cristãos tradicionalistas, que parecem não perceber nuance nenhuma em seu significado, embora dentro de contextos tão diferentes. Mundo e carne, para eles, são sempre, sem nenhuma variação, claras referências aos resultados do erro e do mal. Em última instância, o que se visa destacar é o domínio do diabo sobre a vida humana. E assim mergulhamos na Idade Média!

Acredito que valha a pena fazer um ligeiro comentário dos conceitos que a simples citação do vocábulo *mundo* traz à tona, nas páginas seguintes.

Começo opinando que é um redondo erro entender sempre a citação de *mundo* como a articulação de forças, poderes e potestades negativas ou uma espécie de palco onde o demônio é o protagonista. É verdade, no entanto, que muitas vezes acontecimentos graves e inusitados podem levar – e efetivamente levam – os mais sugestionáveis e menos informados a pensar dessa maneira.

Não há muito tempo, os meios de comunicação voltaram a nos assombrar com a *fasciite necrosante*. Este é o estranho nome de um processo infeccioso provocado por um estreptococo do grupo A. Mas me deixe explicar de um modo menos técnico. Trata-se de uma bactéria que passou a ser detectada em 1994 na Inglaterra e logo foi batizada popularmente de *bactéria devoradora de carne*, porque consome três centímetros de tecido humano por hora, provocando a morte em 24 horas.

Sempre que se fala desse assunto, provoca-se uma onda de pânico. E com razão. Porque, se o problema não for resolvido cientificamente, essa doença é mais grave do que a Aids, que é considerada hoje, por muitos, como uma deficiência crônica, capaz de ser controlada com bons resultados, quando submetida a tratamento medicamentoso continuado.

Mas, ao tomar conhecimento dessa espantosa enfermidade letal, vi e ouvi o noticiário como se estivesse tomando conhecimento de uma parábola de nossa época, em que o ser humano é vítima de uma antropofagia muito mais feroz do que a visão de Mário de Andrade, dentro de nosso pequeno Renascimento, em 1922. Atravessamos uma crise de Civilização e a misteriosa doença torna-se uma trágica parábola do que hoje vivemos. Afinal, todos parecemos vítimas de um indiferente modelo de sociedade que mói e tritura o ser humano na maquinaria implacável do cotidiano.

Robert Musil, que viveu entre os séculos XIX e XX, dedicou quarenta anos de sua vida na elaboração do romance *O Homem Sem Qualidades*, que parece aclimatado em nossa trágica sociedade agredida pelo absurdo e maldição da bactéria canibal. Porque o livro fala de um mundo que se vai também desabando e deixando de ser, com a queda do Império Austro-Húngaro e a ascensão do Nazismo. O título aponta o homem despojado dos conceitos e ideologias de sua época, enquanto a sociedade em que ele vive segue apodrecendo sem remédio nem salvação possível, porque infectada pela lepra incurável e fadada a morrer putrefata. Musil foi expulso da Áustria e da Alemanha, mas deixou com esse documento o seu testemunho sobre um mundo que se decompõe com rapidez sob a ação corrosiva dos discursos vibrantes proferidos ao sabor da eficiente oratória bélica de um histérico e maníaco devorador de valores e de vidas. Tratava-se de um homem que não bebia, não fumava nem tinha anomalias sexuais, e era, inclusive, vegetariano. Esse homem se chamava Hitler, mas na intimidade atendia pelo nome de Adolf.

Mas a terra dos homens é muito mais do que o espetáculo demoníaco que Hitler protagonizou. E se a analisamos dessa maneira pobre, falseamos a História, com tantos eventos belos e estimulantes que conhecemos, e passamos a considerar o mundo como algo sempre temido ou repulsivo.

Dostoievski, em seu livro *Os Irmãos Karamazov*, mostra Aliosha que, ao viver um momento de inspiração espiritual, se volta para o solo e beija a terra, num gestual que marcou também as viagens missionárias do papa João Paulo II.

Martin Scorcese, em seu filme *A Última Tentação de Cristo*, baseado no livro homônimo do grego Nikos Kazantzakis, imagina Jesus conversando com Deus, em oração. O Mestre está só no meio do deserto, onde será tentado, como antecipa o evangelista. O deserto, na experiência dos místicos, é fértil, como lembra Dom Hélder Câmara. É fértil e belo quando iluminado pela lua cheia e o brilho faiscante das estrelas que rompem o veludo negro do firmamento, num radical contraste com a areia transfigurada como um infinito mar de prata liquefeita. Tudo é tão deslumbrante, que arranca do Cristo essa apreciação apaixonada:

Eu nem sei, ó Pai, se o outro mundo é mais belo do que este.

O mundo é belo, ainda para quem não ignora o dilaceramento moral da sociedade mergulhada em corrupção e violência. E mesmo que não nos sobrem dúvidas de que o ser humano maculou a ordem universal e quebrou sua harmonia, disseminando a desordem e o caos, como John Mackay tão bem analisa em *A Ordem de Deus e a Desordem do Homem*, traduzido para a nossa língua em meados do século XX.

Afirmo que o sentido negativo atribuído, sem nenhuma razão, à palavra *mundo* é equivocado e pernicioso, porque isola a ação de Deus da História humana e, ao condenar injustamente o mundo como um feudo ou domínio vitorioso do mal e a nojenta cloaca do diabo, termina ativando todos os tipos de fuga e alienação e também provocando a mais radical hostilidade contra a sociedade, onde se entende e se apregoa que o mal prolifera, com aparência de invencibilidade.

Esse infeliz tipo de pensamento marcou presença desde os primeiros anos da era cristã, através dos que partilhavam tal crença reducionista, como certos grupos formados por gnósticos e maniqueístas.

Seria falso negar que a ação humana é dissolvente. Eis aí a poluição dos rios, mares e de todas as fontes de vida. Como ignorar a crescente destruição da camada de ozônio, que nos expõe ao sol sem proteção e, por natural desdobramento, aos cânceres letais? Não dá mais para ignorar o processo galopante de desertificação que multiplica as *escaras* que maltratam a terra. Faz-se um escárnio tapar os olhos para a melancólica e trágica realidade que denuncia o desaparecimento de espécies vegetais e animais todos os dias, como perdas irreversíveis. É, sobretudo, burrice e suicídio saber que o planeta tem seus dias contados, sem lutar pelo resgate da terra que mantém a vida da humanidade.

É tão grande a certeza de que a agressão ecológica vai continuar sua marcha sinistra de devastação implacável, que as catástrofes são anunciadas com grande antecipação, como se fosse um maldito vaticínio de um profeta ensandecido pelo desespero do mal inevitável.

E o que dizer da violência que deteriora as cidades da terra? Como supor a continuação da loucura que se degenera em guerras? É possível estancar a espiral terrorista? Ainda há tempo para redimir os jovens, os melhores de uma época, como são retratados no poema de Alen Ginsburg, das drogas e de todas as formas de evasão, ainda que a juventude esteja aterrorizada diante da vida que lhe parece sufocante e sem qualquer sentido ou significado?

Perdemos a indignação e o freio para desacelerar a mentira, a desfaçatez dos políticos, os desníveis econômicos, o aviltamento da democracia, a dissolução de todos os costumes, a própria inviabilidade do ser humano, que deixou de ser guardião da vida e se revelou o mais terrível e insaciável de todos os predadores.

Dá para ouvir o grito de Castro Alves:

Deus, ó Deus, onde estás que não respondes?

Mas a voz do Cristo ecoa, não para legitimar o ódio contra o mundo nem para lançar contra ele a sua definitiva sentença de morte e o anátema final. A voz do Cristo novamente reforça, neste terceiro milênio, a única esperança para o ser humano e para a terra:

De tal maneira amou Deus o mundo...

O mundo não é, em definitivo, um andar intermediário entre o Céu e a Terra, visitado por anjos salvadores e demônios da destruição, tornando-se assim quase irrespirável para o ser humano, plantado como o interlocutor consciente de Deus no planeta.

O teólogo Rudolf Bultmann mostrou a necessidade adulta de penetrar até o âmago do mito, que envolve, com sua vistosa embalagem, uma concepção tanto ancestral quanto futura, isto é, quebrar como a uma castanha a crosta do mito, que ameaça desviar a atenção dos incautos com seu fascínio e beleza, e ficar com sua mensagem onírica e pródiga de poesia. E nos labirintos do mito alcançar o que nos parecia oculto, incorporando em nossa alma a gota de sabedoria granjeada.

Ainda que tolhido pelas interpretações teológicas mais conservadoras, o mundo é uma arena de luta, de trabalho e de realização. Oportunidade de teste, experimentação e de prova. Possibilidade de nos superarmos no dia a dia.

O mundo é o constante desafio para o desenvolvimento de nosso potencial libertador. E no caso presente, a montagem cênica desse mundo protegido pelas fantasias ou delírios do mito, como sucede nos sonhos, se ajusta ao universo interior do ser humano, onde anjos e demônios desenvolvem um elaborado teatro que interpreta a história de nossa humanidade. A boca de cena e a ribalta iluminada se confundem com as coxias, fazendo do homem tanto protagonista quanto platéia entusiasmada com sua própria performance.

Demitizar é então acordar, com o rumor das palmas ou com os apupos das vaias, e viver a mesma dramatização em branco e preto. Menos jogos e folguedos. Menos atividades lúdicas e recreação. Tudo muito mais prosaico no império do relógio. Justo a distância que separa a infância da maturidade. Uma perda de percurso que se impõe. Um salto ou uma queda? Não sei muitas vezes quem devo escolher, entre o *scholar* alemão Rudolf Bultmann e o *mago* latino dom Juan, que encantou Castaneda e seduziu o mundo.

Rudolf Bultmann foi um verdadeiro achado em meus estudos de Teologia. Fiquei fascinado quando ele me ajudou a espanar a poeira da doce ignorância que tolhia minhas buscas maiores com escrúpulos preconceituosos e pruridos provincianos a respeito da linguagem bíblica. Bultmann partiu para mim a casca dos mitos e o medo injustificado da própria palavra, libertou-me da falsa concepção do mundo em três andares – Céu, terra e inferno – com os seres humanos visitados de contínuo por anjos e demônios. Com Bultmann, aprendi a me preocupar mais com o cerne, sem me prender aos penduricalhos da linguagem própria de uma época ou de determinada Cultura. Concluí, por exemplo, que a ressurreição histórica de Jesus é menos importante do que ser alimentado pela certeza de que a sua morte significou verdadeira vida para o ser humano. Ainda mais relevante que um milagre no túmulo do Cristo, é a transformação miraculosa acontecida na vida de seus tímidos seguidores, como se a vida varresse o vale de ossos secos da profecia de Ezequiel.

Essa admiração pelo teólogo permanece. Mas eu não sou mais um menino e quase tudo para mim envelheceu, inclusive os meus mestres e ídolos. E minha cosmovisão é mais tolerante, sem os radicalismos da juventude. Sou, na verdade, mais ecumênico. Acho que os mitos devem ser estudados com profundidade, mas não sei ainda se é possível demitizar tudo sem roubar a beleza da vida. Como desprezar o lado mágico das coisas, o sortilégio das forças que dormem nas pedras, a energia dos astros e dos átomos? Que necessidade existe para dissecar a mosca azul? Não consigo entender a redenção da natureza apenas com discursos ecológicos.

Meu amigo Carlos Nejar, poeta e imortal, escreveu:

A eternidade é ver.

Quantos já deixaram de ver? Quase divorciados da Natureza, perdem o contato direto com a terra, com o mar, os pássaros, as flores. Admiro os surfistas que conseguem sanar essa sensibilidade tão atrofiada, resgatando suas raízes telúricas. E aprendem de novo a farejar a direção dos ventos, a namorar o coração das ondas e a dançar no ritmo incessante das marés, em sua coreografia de embalo sensual.

É belo quando alguém se encanta com as forças e a energia do Universo e as designa poeticamente de duendes, ondinas, gnomos, fadas, demônios e anjos. Que importam os nomes? Não foi Deus que mandou o ser humano nomear as coisas? Somos hoje muitos e deve ser natural que tenhamos diversidades de concepções e de nomes. Mas é triste e lamentável quando a palavra de um é recebida como palavrão por outro... Porque isto reproduz em nossa existência e na vida do mundo o desastre de babel, em sua confusão de línguas e de espírito.

Fico escandalizado quando sei que no Japão existem edifícios dormitórios, onde muitos repousam em verdadeiras gavetas que me evocam o esquife do conde Drácula. Ou quando a criança vê uma galinha pela primeira vez num hotel-fazenda brasileiro, onde a família busca uma ilha de paz, e comenta com a mãe, tomada pelo encanto e deslumbramento que navega nas descobertas:

Olha ali o caldo Knorr!

Preciso relembrar a todo o momento que sou um bicho da terra, tecido pelos seus elementos. A poeira de nitrogênio, oxigênio e azoto integra meu físico. E quase posso nadar na água de meu corpo... Este é o mundo que Deus ama e que eu amo também. E devo à minha mãe a iniciação de amor pelo mundo onde moro e que também é onipresente em mim, pela paixão que seduz a minha *anima* e na tessitura delicada que não apenas borda as entranhas que me sustentam como um ser deste chão, como também veste e protege a minha carne sólida.

Ainda que eu viva mil anos, não esquecerei o que considero um dos meus mais queridos cartões-postais. Quase posso vê-lo com os olhos da saudade. Minha mãe deslizava silenciosa pelo meu quarto, os passos abafados pelos antigos chinelos de lã. Sem ouvir nada e mesmo sem abrir os olhos, eu sabia que ela estava perto, ao sentir o seu perfume suave de alfazema e perceber a leve inclinação da cama quando ela sentava no espaço próximo à minha cabeça. Só então meus olhos penetravam no azul escuro dos olhos dela.

Como era bela e bondosa a minha mãe!

Arranjava com mãos elétricas as cobertas cheirosas de sol sobre meu corpo magro. E o seu perfume ficava mais forte quando seu rosto se aproximava para o beijo de boa-noite. Mas ela ficava ainda por ali, as buliçosas mãos localizando com familiaridade uma passagem bíblica, quase sempre um salmo.

E a sua voz tornava doces e ternos, mesmo os salmos imprecatórios. E parecia tatuar com o fogo de seu afeto aqueles poemas no meu coração. Emoção ouro-em-brasa.

Uma noite, ela leu para mim o curto salmo 93:

O Senhor firmou o mundo, que não vacila.

Murmurou depois, nem sei por que, como se falasse consigo mesma:

Por um tempo pensei que este salmo fosse de Davi, mas não há menção à autoria na bíblia. Pode ser poesia de alguém que não queria aparecer – e ela acrescentou com um sorriso – *ou então foi escrito por uma mulher que não queria nem podia ser notada.*

Levantou-se e concluiu o pensamento, depois de me abençoar:

Como diz o salmo, Deus criou o mundo que não vacila. O mundo é o nosso lar maior, só mesmo menor do que o Céu...

Mas voltemos, leitor, à reflexão que eu vinha fazendo, e chega de saudade.

Há um estreito relacionamento entre os outros dois significados que a palavra *mundo* nos sugere, Universo e Terra. Porque a grandeza insondável do cosmo dimensiona, com humildade, a verdadeira avaliação de nosso planeta e de tudo o que nele acontece. Afinal, não temos razão para soberbia ou petulância, pois habitamos um grão de areia do Universo, que tem como seu sol um astro modesto, nada mais do que uma estrela de quinta grandeza...

Queria, antes de encerrar o presente capítulo, fazer um último comentário sobre a vida humana na Terra dos homens e neste mundo de Deus que são, na verdade, uma única realidade, vista de dois ângulos diferentes.

Todos sabemos que o homem é um ser social que não pode ser alienado da vida gregária. Assentado este ponto, é preciso reconhecer que a vida coletiva sempre foi motivada também pelo espírito de defesa, visando à sobrevivência humana. Senão, vejamos.

Famílias, hordas, clãs, tribos, nações. Mais modernamente surgiram os Estados. Logo depois, os organismos internacionais: ONU, OEA, Otan, Mercosul...

Aceitando como um ponto pacífico o fato de que o ser humano amplia, através da cooperação, os seus agrupamentos para superar dificuldades cada vez mais complexas, peço ao leitor que reflita comigo:

A localização de vida inteligente no Universo, com as tensões naturais que virão no rastro dessa descoberta, não criará possibilidades de uma forçosa aproximação maior e fraternal entre todos os habitantes da terra, que então irão compor uma só Comunidade?

Pois é. O choque do desconhecido e a necessidade de resolver problemas maiores, através do entendimento e do amor, abrirão caminho para o bom senso que levou o filósofo da História, Arnold Toynbee, a antever um governo internacional que unisse todos os povos e tornasse viável a paz na Terra.

Seja pelo caminho que for ou pela motivação que puder acontecer, a esperança me leva a crer que o ser humano deixará de ter os olhos congestionados pelo ódio, realizando a utopia do profeta Isaías, uma vez que as armas de guerra e de morte se tornarão, enfim, instrumentos de lavoura, voltados para cultivo da terra, no silêncio da paz. Fernando Pessoa também profetizou:

Deus quer, o homem sonha, a obra nasce.

E convencido pelo amor, o homem novo, cúmplice de Deus, se vê pacificado com o seu destino final. Todas as coisas se fazem novas: novo Céu, nova Terra, novidade de vida... O Universo é literalmente passado a limpo.

O Eterno cumpre a sua Palavra fazendo-se tudo em todos. E a voz de Jesus, sem nenhum vestígio do sofrimento vivido no Calvário, se faz outra vez ouvir como uma clarinada festiva, que desvela o íntimo da predestinação divina, projeto de Deus para a Terra dos homens:

Está consumado!

As crianças cantam um hino de paz. E todos, embalados pela leveza das danças e o sonido buliçoso dos sorrisos, celebram e comungam com os astros a esperança de uma poesia antiga de Olavo Bilac, que então se cumpre:

... pois só quem ama pode ter ouvido
capaz de ouvir e de entender estrelas...

7

O CAMINHO DA SALVAÇÃO

Sinto que a salvação é como aprender a nadar: não se debata nem se afobe, que Deus faz o resto. É pura graça em todos os sentidos da palavra...

Anos atrás foi encontrado um curioso e antigo manuscrito, que, com muita probabilidade, foi urdido na mente obtusa de algum fariseu. Confira e chegue à sua conclusão.

Se Deus for salvar apenas dez homens em toda a Terra – dizia o autor da página –, *entre esses dez, estaremos eu e o meu filho. Se o Eterno salvar somente oito, serei contado com o meu filho entre eles. Mas se agradar a Javé salvar seis pessoas, ainda assim estarei com o meu filho entre os seis. Se os salvos por Deus forem quatro, com certeza eu e o meu filho seremos contemplados na diminuta lista. Se o Eterno decidir-se pela salvação de dois, elegerá, sem dúvida, eu e o meu filho. Se, no entanto, Deus resolver salvar apenas um na Terra como um todo, o salvo, sem dúvida e com absoluta justiça, serei eu.*

Sem mais comentários.

Fico irritado quando um desses enjoativos e importunos evangelizadores de plantão invade a minha tranqüilidade sem me pedir licença e pergunta assim de supetão, sem mais nem menos, como se fosse um repórter, em alguma sorte de indesejada entrevista que não me animo a conceder:

Você tem certeza de sua salvação?

Como responder ao indelicado invasor? Se tivesse todo o tempo do mundo, daria a cada um dos indesejáveis mais do que uma palavra. E começaria afirmando não a certeza de *minha* salvação, em atitude semelhante à do fariseu mencionado na abertura do capítulo. Porque de verdade entendo a salvação como o inescapável caminho de todos e de tudo.

Um estudo de religiões comparadas pode ser, por vezes, muito interessante. Porque os diferentes cultos descortinam, num plano quase sempre mais espiritualizado, problemas muito semelhantes aos que me assaltam, nesse meu trepidante cotidiano e na condição de pessoa individuada.

Já de partida, essa tendência de julgar o visível inferior ao invisível. Como se a inspiração de Deus, em seus momentos de criatividade, sofresse soluços e não fosse feliz como um todo. Até Exupéry aposta, talvez equivocado, na mesma direção quando diz que *o essencial é invisível aos olhos*. E Drummond também faz coro com este entendimento, ao ensinar, poetando:

> *As coisas tangíveis*
> *tornam-se insensíveis*
> *à palma da mão.*
> *Mas as coisas findas,*
> *muito mais que lindas,*
> *essas ficarão...*

Por que será que acontece a desumana desvalorização do corpo dentro da emoção e da esfera religiosa? Por que afogamos o físico com o peso de nossas roupas, que liberam apenas o rosto e as mãos, ainda assim, apenas quando livres da *burka* e das luvas? Por que o ser humano mantém o corpo na clandestinidade? Por que deixa também com freqüência as carências físicas de nosso irmão no esquecimento imoral? E por que essa vergonha de possuir e utilizar o que Deus não teve vergonha de criar?

Quando passei uns dias em Assis e me detive examinando as relíquias de São Francisco, me entristeci com o comércio florescente em torno do pobrezinho de Deus que se despojou de tudo em sua vida, mas, sobretudo, me quedei melancólico ao testemunhar que o pequenino e grande homem, que mais me parecia sintonizado com o amor de Jesus e ainda revelava perfeita comunhão com a Natureza, sentia-se obrigado a usar instrumentos de tortura física, maltratando seu débil corpo nos momentos de penitência!

Pois é. Uma visão isenta do fenômeno religioso à vista desse insólito quadro nos revela alguns fatos. É verdade que a mentalidade medieval favorecia coisas como aquelas que Francisco praticava. Mas, numa perspectiva mais ampla, o sacrifício do corpo exemplifica a universalidade da fome que o ser humano tem de transcendência, gerando cultos a deuses os mais diferentes. E constata que o fenômeno religioso cria ou utiliza, muito mal que se diga, o sentimento de culpa que parece pespegado como invencível e misteriosa maldição na alma da humanidade. É a culpa que se faz responsável por penitências e sacrifícios que marcam com medo e jamais com amor o relacionamento humano com os seus deuses.

Como entender de outra forma a castração e a mutilação vaginal de tantas mulheres coptas e muçulmanas, o celibato entre os padres cristãos e a postura contra o sexo na vida de um santo da Índia, como o Mahatma Gandhi?

Dê outro passo comigo. Ainda que adeptos mais arejados de um culto qualquer distendam o máximo que podem a compreensão de sua fé, você conhece, meu tolerante leitor, alguma corrente religiosa que não se apresente com seus dogmas indiscutíveis? Penso às vezes que pode ser um expediente de defesa, na ausência de argumentos convincentes. Ou para me servir dessa rara franqueza que parece estar desaparecendo, deixe-me dizer que o ser humano sabe muito pouco e, com freqüência, o seu já parco conhecimento religioso parece-me que foi zerado.

Tem mais. A dificuldade para dialogar com as correntes religiosas torna-se absurda e impossível quando os diferentes teólogos valorizam a sua religião particular apelando para uma forma de revelação especial. Acontece que este argumento final e irrespondível é reivindicado também pelos demais teólogos. E então eu concluo que não existe nenhuma revelação especial e todos estão mentindo. Mas, se a revelação especial existir mesmo, apenas um poderia ser verdadeiro, exceção que todos reivindicam sem pruridos ou constrangimentos.

Mas esse privilégio chega sequer a existir?

Pode parecer impossível, mas sempre surge mais um tipo de corrente religiosa. Sobra-me a suspeita de que tem sempre alguém pedindo a palavra de forma discreta, como acontece nos leilões, para corrigir quem terminou de falar. Nunca deixa de haver alguém interessado em opinar sobre o que for que esteja em pauta.

Talvez, porque a saia das mulheres esteja curta demais. O corte dos cabelos dos homens não está imitando os femininos? Vamos usar vinho ou suco de uva na Eucaristia? E a quantidade ideal de água para o batismo? Qual a interpretação correta do milênio apocalíptico? O dízimo de tudo é ou não é obrigatório? Só falta mesmo perguntar pelo sexo dos arcanjos, quando comparado ao dos querubins da corte celeste... Ou encontrar um bom e fornido tanque de roupa suja para lavar.

Entre os que não perderam a sensibilidade para usar seu tempo em atividades relevantes, há quem veja saída, se estabelecermos uma agenda na qual a futilidade não tenha acesso.

Dentre esses, surgem os que apostam no bom senso de uma mentalidade ecumênica. Mas o ecumenismo nunca prospera, porque a corrente que deseja a unidade não tem força para influenciar as outras manifestações religiosas, a não ser na pretensão dos seus estatutos. E então, contrariando a proposta inicial, surge mais uma nova corrente ou comunidade com diminuto plantel de fiéis, enquanto o cisma resultante agrava ainda mais o cenário religioso, já pulverizado em demasia.

Percebo, no entanto, que esse meu preâmbulo já está mais extenso do que podia. Assim, sem outras digressões, volto à proposta do capítulo atual.

Se alguém se dispuser a discutir a salvação, sem as tediosas apelações emocionais seguidas de pranto, culpa e sofrimento, como é, por sinal, minha proposta neste momento, aconselho a não consultar os tratados de religiões comparadas, pois só irão dificultar ainda mais a sua tarefa. São tantas as especulações e os caminhos mirabolantes apontados, que reforçam em mim a suspeita de que participo de um verdadeiro festival de tolices, e sacrifico assim inutilmente o tempo de trabalho sério de que preciso para prover meu pão de cada dia. Ou deixo de desfrutar com gula os minguados momentos que consigo separar para o lazer ou o assumido ócio com dignidade, até porque, como bem sabe o povo, ninguém é de ferro. Veja só.

Céu e inferno, limbo, purgatório, transmigração da alma, penitências e indulgências, a força da fé e a dádiva da graça, a intercessão dos santos, ações caridosas, confissões... Trata-se, enfim, de uma verdadeira floresta de dificuldades e facilitações, que me fazem supor que é muito mais difícil entender essas teorias da imperiosa salvação de minha vida, seja o que for que isto signifique, do que propriamente saber-me salvo, com a mesma facilidade e naturalidade com que respiro, sem, ao menos, tomar consciência do oxigênio de nossa atmosfera nem do movimento ritmado dos meus pulmões comprometidos com a vida capaz de ainda driblar a poluída atmosfera, que começa a sufocar a Terra, de forma perigosa e assustadora.

Já sem comentar a forma primária e insólita como esses assuntos são considerados, como se o Responsável pelo Universo tivesse se esclerosado, pouco antes de dar diretrizes quanto ao destino do ser humano. Ou fosse, como tudo parece indicar, capturado pelo espelho de algum retardado narcisista que adulterou, com sua imagem tola, o rosto de Deus. E o mundo herdou então uma espécie de Frankenstein e toda aquela intragável comédia de muito mau gosto.

A sátira da criação escrita por Guerra Junqueiro nos ajuda a imaginar como essas loucuras se fizeram dogmas do jeito tortuoso como se apresentam. Mas vamos dar ainda mais um passo.

Pode não ter sido nenhuma revelação especial, mas a verdade é que depois de discordar respeitosamente durante anos da predestinação calvinista, por me parecer um completo absurdo, de repente, como se fosse o estalo de Vieira, eu soube, sem dúvidas, que a predestinação não era de João Calvino nem de um outro qualquer ou mesmo da bíblia, mas, de alguma sorte, o que eu buscava com tanto empenho nascia justamente de um entendimento mais profundo da própria predestinação desvinculada de doutrinas reducionistas e de doutrinadores pretensiosos, porque obtusos.

Não era o fatalismo religioso do tipo *estava escrito*. Nem o determinismo filosófico que apela por vezes para raciocínios complicados e desenvolve truques que lembram charadas imaginosas, que nos encantam, mas terminam não convencendo. Mas se tratava mesmo da predestinação que eu conhecia de leituras teológicas, com algumas variantes e dentro de uma concepção geral que se afastava não só do calvinismo, mas das linhas básicas da compreensão cristã tradicional. Vou mostrar, em resumo e sem mais rodeios, o que parece muito claro para mim.

O Universo, visível ou não, nasce do propósito divino e não está então por conta do deus dará, mas é sempre Deus quem dá, ao mundo e a tudo, o rumo e objetivo que não podem assim ser mudados por vontade ou capricho humano, nem a seu bel-prazer.

Pareceu-me, de repente, impossível que eu já tivesse sido, mobilizado por um orgulho de tal quilate, capaz de me levar a supor com condições de mudar o *script* divino! Não era o caso de decretar a falência completa da liberdade humana, mas de me reconhecer sem fôlego para impor a minha liberdade acima da vontade de Deus. Afinal, sei muito bem que não tenho longevidade para viajar pelo espaço cem anos-luz nem força suficiente para enfrentar o Oceano Atlântico a nado, e eis que mesmo assim me atrevo a jogar *braço de ferro* com Deus. Logo com quem!

Mais do que naquela situação descrita num Salmo, Deus deve ter rido a bandeiras despregadas de minha pretensão. Afinal, ele sabe que é sempre essa mesma história cansativa: Lúcifer, Adão e Eva, os Faraós, César e todos os imperadores, reis, ditadores, você e eu. Todo esse miúdo exército querendo competir com ele e superá-lo. Mas o *fairplay* e o bom humor incurável de Deus lhe devem ter provocado frouxos de riso, como se minhas bravatas insensatas e desmedidas lhe fizessem cócegas.

E eu senti então, mesmo sem mergulhos místicos, que ele me revelou ou segredou mais ou menos o seguinte:

> *Fique você no seu cantinho que eu pego o leme... Os meus pensamentos não são iguais aos seus nem os nossos caminhos coincidem com perfeição... Por que perder tempo com essa história de liberdade irrestrita? Você já nem sabe o que fazer com a latitude da liberdade que tem e se irrita porque quer mais, deseja ir além das margens que*

não consegue enxergar! Seu espaço é maior do que a grandeza do rio Amazonas, que, como todos sabem, é também margeado, apesar de seu caudal imenso. Até o Universo tem margens. Um gato não é você, mas você não é Deus também...

Deus tem um bom humor imbatível. Ainda bem que ele não nos leva muito a sério. Prefiro vê-lo como um Pai que sabe dar boas risadas, até porque não duvido – e me alegra divulgar o quanto possa – que o bom humor é o perfeito sinônimo do amor. O que lhe parece?

Fernando Sabino, que tanta falta nos faz, escreveu um livro de boa Teologia sobre a graça de Deus, utilizando os dois sentidos da palavra *graça*: amor e bom humor. E como já lhe disse, o bom humor identifica-se também com o amor.

Fiquei com uma santa inveja de meu querido Fernando porque estava pensando em fazer o mesmo, mas ele foi mais lesto e tomou a dianteira. Imagine que eu tinha até imaginado um título para o livro:

Bíblia, a grande anedota de Deus.

Porque não é apenas Maria e o Evangelho que são cheios de graça, como focalizou meu amigo Sabino, mas a bíblia como um todo. A própria criação do ser humano tem lances bem-humorados. Solte sua imaginação e imagine o homem sendo feito como um boneco de barro e sua companheira, de uma curva costela do marido... Não é muito engraçado o susto que Josué dá em todos, quando faz o sol parar no meio de sua trajetória? Ou a fúria de Eliseu porque alguns garotos o chamam de careca? Mas o profeta não estava de bom humor e preferiu a tragédia.

Você, meu leitor, não correria com medo ou então morreria de rir se a mula de Balaão desandasse a dizer coisas com senso ao seu ouvido? E já imaginou a balbúrdia hilariante dos bichos na arca de Noé? E a mixórdia daqueles dias intermináveis? A pegajosa e fétida sujeira? Um espetáculo escatológico no pior sentido da palavra...

Mas é melhor parar por aqui e voltar à forma bem-humorada que me levou a descobrir, de modo novo e convincente, o papel da predestinação.

Aprendi com um verdadeiro puxão de orelha que predestinação é a segurança do limite, a muralha que me protege, o dique que livra o meu continente das agressivas águas do mar, a garantia de salvação, porque o amor divino cobre a multidão de meus equívocos. E aprendi, sobretudo, que o maior engano é imaginar o Pai me libertando, através de uma absurda moeda de troca embebida no inocente sangue de Jesus. Ou lançando-me no fogo infernal que arde eternamente, o que equivaleria à injustiça de receber o desafio divino para uma luta livre. Não tem nada do bom senso amorável que Jesus me mostra em sua mensagem com os ares purificados dos montes da terra santa, mergulhada através da História em tantos ódios camuflados enganosamente como amor:

> *Se vocês, que são maus, não dão ao filho pedra no lugar de pão nem serpente ao invés de peixe, quanto mais aquele que os ama e não é covarde para disputar com vocês.*

Quando li pela primeira vez Teillard de Chardin, concluí que o seu pensamento não era incompatível, ao menos em parte, com o que eu começava a entender. O grande teólogo católico discorre sobre o projeto divino para todas as coisas, que será cumprido cabalmente. Se a sua nascente se encontra no Alfa, a consumação atinge o Ômega. Deus respeita a liberdade humana para escolher seus *atalhos*, mas realiza inexoravelmente o seu plano salvador em todos os átomos do cosmo. Neste sentido, ele não é apenas o Pai, mas em verdade é o Senhor.

E eu me sinto em paz com minha cota de liberdade que não tem nenhum poder de me fazer Deus – e para quê? – mas me torna um alvo privilegiado da ação benfazeja da reconciliação, que me liberta de mim mesmo e de minha teimosa insensatez.

Veja só o que o sábio Bernard Shaw sentencia a respeito da alma humana com o seu modo crítico e utilizando o mais fino e cortante humor:

> *O poder não corrompe; idiotas, entretanto, se chegam ao poder, corrompem o poder.*

O que Paulo de Tarso faria, se não fosse impedido pelos limites impostos por Deus? O que seria do mundo, se loucos como Nero ou Hitler não fossem bloqueados pelo fracasso e a morte, que terminaram sendo melhores também para eles mesmos?

E eu tive paz quando entendi que a salvação não é a loteria de alguns, mas a graça destinada a todos. Pois a salvação é de fato o inescapável caminho.

Sei que me tornei bem melhor quando concluí que não tenho de pagar pelo Céu nem preciso fugir do inferno, ao preço da tortura de minha culpa. E que a salvação não é feita como um tipo de barganha ou de alguma sorte de negócio a que se é submetido pelo medo das *chantagens* e das punições de Deus.

Apesar de pensar assim, não passei a viver como um debochado sem direção ética, porque agora é o amor dele e o meu próprio amor que me constrangem a ser melhor.

Julgo entender melhor o que significa viver a segurança da salvação universal aqui e agora!

Nem por isso o amor divino que Jesus vive até às últimas conseqüências me parece hoje menos importante, embora visceralmente diverso, ou menos eficaz do que havia aprendido, interpretando literalmente que o seu amor me purifica de todo pecado. E tomo posse de uma vida liberta por este amor e com seu absoluto potencial aqui mesmo.

Depois do nascimento e não somente após o túmulo.

O amor que vive em Jesus fere de morte o meu egoísmo e me torna mais solidário, e sei hoje que, apenas assim, a minha vida tem sentido.

Mas quem é para mim Jesus, chamado o Cristo?

Imagine-se em uma reunião privativa como a que ele possibilitou a um punhado de homens sem qualquer notoriedade. E na intimidade de um bate-papo entre amigos, Jesus me pareceu bem interessado e, talvez, até um pouquinho curioso em saber o que corria a respeito dele entre o povo:

O que as pessoas que vocês ouvem dizem sobre mim?

Primeiro, um certo silêncio constrangido. Depois é como se trombassem, falando todos num verdadeiro atropelo e ao mesmo tempo, como se os apóstolos fossem apenas ruidosos colegiais alvoroçados.

As opiniões que eles conheciam eram muitas, mas os homens não fizeram segredo: João, o Batista, Elias, Moisés, certamente um dos profetas.

Jesus, porém, não se dá por satisfeito:

E vocês, o que pensam que eu sou?

Tinha de ser Pedro, que mais uma vez tomou a dianteira, de peito aberto, e exibiu novamente toda aquela impulsividade que o caracterizava e que, nem sempre, era oportuna:

Você é o Cristo de Deus!

Jesus concordou com Pedro e até lhe fez um sincero afago:

Você é um bem-aventurado por ter percebido esta verdade. Também lhe digo que você é Pedro e sobre a pedra do seu testemunho edificarei a minha Igreja, que destruirá a cidadela do mal...

Mas o Mestre não verberou contra as outras opiniões. Foi muito mais paciente e tolerante do que os inquisidores que perseguem, sem piedade ou compaixão, os divergentes de seus dogmas petrificados e incapazes de transmitir fé nem esperança ou amor. E, por isso, não acrescentam nada a ninguém, antes portam dúvidas e maldição para quem os leva a sério.

Mas a pergunta do Cristo continua acesa nesses dois milênios:

Quem eu sou?

Um homem sábio e bom? Profeta? Equivocado e louco? Da mesma essência de Deus? Apenas semelhante ao Eterno? Filho de Deus? Deus humano só em sua aparência?

Quem eu sou?

É fato que os Concílios e Confissões de Fé, no afã político de aprisionar o Cristo com suas formulações afoitas e artificiais, deixaram escapar muito de sua beleza simples, além do abominável derramamento de sangue que os Credos sempre provocaram, justificando o pensamento de que, no dia em que não mais tivermos nenhuma guerra religiosa, desaparecerão também, enfim, todas as outras guerras.

Há passagens do Evangelho em que Jesus se coloca, com toda a clareza, abaixo de Deus: afirma que, por fim, se submeterá ao Pai; rejeita ser chamado bom, dizendo que apenas Deus pode ser assim considerado; declara que é o caminho para o Pai; assegura que Deus sabe o que ele ignora; assume de público a posição de filho obediente. E muitas outras posturas que o colocam em posição hierárquica inferior a Deus.

Muitos julgam essa concepção como a mais aceitável e entendem que o grande erro dos cristãos foi transformar o mensageiro na própria mensagem.

Mas Jesus, por outro lado, também se define como sendo um só com o Pai; declara-se como a luz e o caminho vivo e verdadeiro; assegura que ninguém pode acusá-lo de pecado; transfigura-se; acalma tempestades; anda sobre as ondas; faz prodígios; fala como quem tem toda autoridade e aceita que Tomé o chame um dia:

Senhor meu e Deus meu!

Pois esse Jesus, que dividiu a História dos homens, mas não tinha onde reclinar a cabeça, nem portava nada que pudesse ser apontado como seu, senão a cruz de infâmia e sofrimento; esse Jesus continua a interpelar as pessoas através do tempo, do mesmo modo que fez com os seus apóstolos no passado:

E vocês, o que pensam que eu sou?

E num dia, em que só ele e eu conversávamos através da meditação, senti que Jesus também me encarou, antes de propor sem qualquer tom inquisitivo:

E você, Jonas, quem sou eu para você?

Napoleão Bonaparte, alquebrado, vencido e traído pelos bajuladores que o incensaram durante a sua meteórica carreira de conquistas, sonhava com as tantas glórias que havia conhecido e o imenso poder que o embriagara naqueles anos trepidantes que valiam por séculos. Não seria fácil relatá-los nem mesmo enumerá-los em suas memórias.

Mas o corso, que se igualara aos maiores conquistadores de todos os tempos, deveria viver também o horror dos pesadelos que repetiam sempre e sempre a derrota acachapante para o inverno da Rússia, o fracasso militar humilhante diante de Wellington, em Waterloo, e, sobretudo, o momento em que perdeu tudo, foi alijado dos campos de batalha onde se acostumara com o pódio que lhe parecia destinado como a um deus grego, e despojado de seus luxuosos palácios polvilhados pela Europa, para ser arrastado, como prisioneiro, ao cruel exílio dos apeados da glória.

Antes de morrer, em Santa Helena, numa vida de anticlímax, repudiado pelos que protegera, esvaziado da ilimitada autoridade e doente, o homem que se coroou e à esposa, retirando das mãos do próprio papa, com arrogância e prepotência, a coroa da mulher e a sua própria, agora estava só e sem sonhos.

Pois este Napoleão Bonaparte vencido e despojado de tudo, salvo, talvez, do formidável orgulho compreensível, de certa forma, em quem se fizera o imperador do mundo, pela genialidade e o talento de senhor da guerra, reconhecido pelos próprios adversários e inimigos, deve ter ouvido, em sussurro misericordioso, a mesma pergunta direta e clara que me fora também endereçada pelo Príncipe da paz:

Para você, anjo combatente, quem sou eu?

E Bonaparte legou para a História, antes de seu ato final, o testemunho içado de um momento batizado da verdade que vem à tona, no confronto desigual do ser humano com a morte:

Conheço os homens e posso assegurar que Jesus Cristo não é um homem.

8

E COMO SE PODE CRER?

> *Crer, às vezes, é somente querer crer, me disse um dia o amigo Mozart Noronha, um tanto absorto, como é do seu temperamento e, quem sabe, se até pensando nas crianças assistidas por sua igreja. E ele nem se deu conta da paz que me trouxe à vida naquela hora...*

No poema *Natal*, o poeta Fernando Pessoa outra vez nos confronta com mais uma de suas surpreendentes e instigantes opiniões:

> *Cega, a Ciência a inútil gleba lavra.*
> *Louca, a Fé vive o sonho de seu culto.*
> *Um novo deus é só uma palavra.*
> *Não procures nem creias – tudo é oculto.*

Essa posição nihilista é, como já lhe disse, de Fernando Pessoa. Mas, qual deles? Sabemos que esta é apenas uma das faces do poeta português, até porque é ele quem, além de demonstrar sua opção pela fé em outras ocasiões, repete também a afirmativa e conhecida frase de Pompeu, citado por Plutarco e D'Annunzio, antes de entrar nos escritos de Pessoa:

> *Navigare necesse est, vivere non est necesse –*
> *Navegar é preciso, viver não é preciso.*

É muito divulgado que Augusto Comte, um dos pais da Sociologia, e responsável pela mentalidade positivista que influenciou também a intelectualidade brasileira da primeira República, afirmou no século XIX que o homem moderno se libertou da dependência indevida diante de Deus e da metafísica, em nome da razão. E cometeu a maior defenestração da História. Ou, para ser mais exato, desterrou a Divindade, como se fosse um traste desnecessário. Alguma coisa muito parecida com a declaração de Oppenheimer:

Deus é uma hipótese de que não preciso.

Mas igualmente se sabe que Comte, assim como Fernando Pessoa, sempre viveu e continuou comprometido com um tipo de busca religiosa que terminou fazendo dele, a despeito de suas declarações radicais, o responsável por uma nova e interessante forma de religião. E muitos brasileiros, como Benjamin Constant, repetiram com o mestre francês que os influenciara no século XIX, através de seu pensamento simultaneamente incorporado ao ideário republicano do Brasil:

A minha religião é a humanidade.

O ateísmo oficial do Comunismo que se instalou com a União Soviética também não foi suficiente para bloquear o culto do Estado, pelo qual a múmia de Lênin sinalizava uma estranha liturgia, que sobreviveu, porém, à queda do regime. As estátuas do líder revolucionário que não foram derrubadas, com a conhecida fúria dos que não sabiam bem o que fazer de sua liberdade readquirida, continuam merecendo diariamente o carinho popular que abastece com ternura os monumentos de Lênin, alguns em estações do imponente metrô de Moscou, com flores frescas.

Tristão de Ataíde escreveu em 1979:

O Comunismo não é uma simples ideologia. É uma falsa Teologia.

Porque Alceu Amoroso Lima qualificava o Comunismo como uma religião sociocêntrica com seus dogmas, sua hierarquia e, acima de tudo, seus mártires. Uma Teologia imanente e antitranscendental, baseada na uniformidade e autoritarismo, em detrimento da liberdade e da justiça. A Teologia unitária do Comunismo, com seu culto ao poder, teria para ele um só Deus, a Ciência; uma só política, a do Partido; uma só economia, a estatal; uma só classe, a proletária; uma só escolástica, a marxista-leninista; uma só arte, o realismo socialista.

São informações desse tipo, algumas já registradas no presente livro, que reforçam a minha convicção de que a busca *religiosa* marca a caminhada humana desde o seu início, não permitindo a existência de ateus, em caráter absoluto. Este reconhecimento não legitima nenhum modelo de fé, mas demonstra que a religiosidade é um traço básico do perfil humano. É sugestivo lembrar que homens da estatura de Marx, Freud, Darwin, Nietzsche, Kierkegaard enfrentaram sérias rupturas em sua vida, com intensos reflexos sociais, mas nunca se reconheceram ateus, no sentido gratuito e raso do vocábulo. Jean-Paul Sartre chega mesmo a dizer com a ironia dos sábios:

Meu ceticismo não me deixa ser ateu.

Bertold Brecht avança um pouco mais, como se fosse um jogo, um dominó, e faz paródia de um texto evangélico:

O ceticismo move montanhas.

Serve para todos, de qualquer forma, a importante observação de Paul Tillich:

Aqueles que não são capazes de elevar as suas dúvidas até a Verdade que transcende toda verdade finita têm de reprimir suas dúvidas. E forçosamente se convertem em fanáticos.

Não existe, no entanto, um único ser humano que não se ligue, de uma forma ou outra, ao apelo inalienável da fé, entendida naturalmente aqui a acepção mais elástica ou plástica dessa palavra, como já se pode ver.

Sem nenhuma intenção de me deixar dominar pelo proselitismo ou sequer insinuar o aliciamento de ninguém para mudar de *religião*, e já reconhecendo que meu argumento tem brechas e naturais imperfeições, esboço apenas algumas formas mais comuns da fé, consciente de que tal tarefa é tão complexa e difícil quanto dissecar a beleza da mosca azul.

Abro esse elenco sucinto com o que chamo de *fé mística*. Trata-se de um tipo que mobiliza pessoas de temperamento muito especial, arrebatadas em tudo que realizam e voltadas, com a determinação de um girassol, para os assuntos do espírito. Pessoas que se abandonam à contemplação e a esse mergulho na órbita iluminada do Deus que as aquece.

Enquanto os que buscam comunhão com a Divindade, pelo fervor da oração, têm o seu ponto de apoio maior na articulação da palavra, a vocação do místico o remete para a articulação do silêncio.

Em vez da fúria pedinte de nossas preces, orações e o zumbido das rezas, novenas, promessas e louvores, nos abandonamos ao embalo do mistério macio e indevassável do silêncio que navega nas ondas mudas e invisíveis que, como um bumerangue, apenas intuído, partem do coração de Deus e a ele retornam, para alimentar-se, como um frágil filhote de pássaro, do bico generoso de sua mãe.

Silêncio para que a Palavra de Deus, ela sim, fique acima da balbúrdia das constantes preocupações que cruzam o nosso cérebro tenso com descargas de energias desencontradas, provocando a sensação de que a mente é polida num esmeril ou está sendo lixada por mãos torturadoras.

Silêncio para ouvirmos a voz de Deus soletrada pelo povo que está cansado de nosso dialeto pomposo e inconseqüente e clama por um compromisso verdadeiro.

Silêncio para isolar o estridor da babel que provocamos e então abrir todos os canais de nossa alma à comunicação com o Céu, a Terra e o que mais for.

Silêncio que nos devolva, após o saudável exercício de discrição verbal, o direito de novamente usar a palavra que foi tão banalizada, com absoluta credibilidade.

Silêncio para, enfim, aprender com os monges da Trapa a lição de mais dizer por não falar...

Santa Teresinha d'Ávila e São João da Cruz exemplificam, com dignidade, a mística cristã, mas os fiéis do Budismo e de outros cultos do Oriente lançam também suas antenas na direção divina desde os tempos refratários à memória humana.

No pólo aparentemente oposto, localizamos a *fé combatente*, explicada por contextos sociais e históricos específicos, mas correspondendo também às inclinações psicológicas e ao temperamento impulsivo e mais ativista dos fiéis.

Os muçulmanos exemplificam este acoplamento da guerra ao seu culto de beleza, sabedoria e devoção infinita, desde muitos séculos. Mas no Ocidente destacam-se Lutero e Inácio de Loiola na raiz das guerras religiosas, envolvendo protestantes e católicos. Parece-me que os jesuítas sucederam os cruzados e templários, com a mesma e estranha liga de cruz e espada. Já Torquemada não passava de um assassino sem escrúpulo.

Por sua vez, o poeta Guerra Junqueiro encarna em Portugal o confronto dos anjos combatentes entre si. A Companhia de Jesus terminaria sendo expulsa, no passado, de vários países católicos, incluindo, nessa lista, o Brasil. Sua política religiosa era feroz, embora acobertada pelo lema histórico dos jesuítas:

> *Ad majorem Dei gloriam, para a maior glória de Deus.*

E Guerra Junqueiro usou, contra eles e todo o clero, sua pena, que conseguia ser ainda mais violenta do que uma espada de gume afiado. Confira essa amostragem de seu livro, *A Velhice do Padre Eterno*:

> *Ó jesuítas, vós sois de um faro tão astuto,*
> *tendes tal corrupção e tal velhacaria,*
> *que é incrível que até o filho de Maria*
> *não seja velhaco e não seja corrupto,*
> *andando há tanto tempo em tão má Companhia.*

Chamo de *fé em tensão*, quando o combate mencionado logo acima não se dá como um conflito fora de nós, e sim eclode apenas em nossa arena interior, nesse chão de dentro que, ainda quando é o nosso, é quase impossível dominar sua acidentada topografia. E o ser humano chega a lutar então com o seu Deus, querendo, no íntimo, secretamente perder, do modo como sucedeu a Jacó, no vale de Jaboque:

Não te deixarei, enquanto não me abençoares!

Soren Kierkegaard, ao escrever *Com Tremor e Temor*, ilustra, segundo entendo, um agudo momento de tensão e crise de fé na vida do patriarca Abraão, quando conduz o filho Isaque ao monte Moriah com o fito de sacrificá-lo ao que julga ser a vontade de Deus. É nesse trajeto, rumo à terrível suspensão da moralidade, que Abraão vive a entrega da fé mesclada de natural amor e ódio.

Mas é também sugestivo imaginar que, como num palimpsesto, Kierkegaard narre, em sobreposição, sua própria experiência existencial, também de contínua crise e tensão no exercício da profunda religiosidade que lhe era peculiar, e as indagações de sua tensa vida tomada por inteiro.

Uma das mais belas e ricas manifestações de fé está vinculada às *expressões artísticas*, acumulando um acervo que é verdadeiro tesouro cultural, enquanto ressalta também o vigoroso testemunho do artista. Os exemplos são muitos e a simples menção dos conhecidos nomes ilustres dos que se imortalizaram pela sua criatividade já evoca o seu trabalho de fé e de incomparável beleza:

Leonardo da Vinci, Rafael, Michelangelo, Aleijadinho, Van Gogh, nas Artes Plásticas.

Bach, Handel, Palestrina, dentro da área musical.

Davi, Dostoievski, Tolstoi, Dante, destacando-se na Literatura.

A eles, e a muitos outros que não foram citados aqui, até pelo escopo modesto deste livro, o mundo agradece.

No prefácio que escreveu para o livro de Roger Garaudy, *Dançar a Vida*, o bailarino e coreógrafo francês Maurice Béjart nos conta que, no povoado de uma pequena ilha do Mediterrâneo onde passou as férias, os homens discutiam e se desentendiam quando conversavam, mas uniam-se mutuamente e a um tipo de Realidade Cósmica quando dançavam a noite inteira, num acoplamento perfeito de arte e fé.

No mesmo prefácio, Béjart relata que desejava praticar ioga e consultou um mestre da Índia. Recebeu então o esclarecimento de que ioga significa união, e que a dança de Béjart era verdadeiro ioga para ele. Shiva, o Senhor do mundo, é também chamado – disse o mestre – Nataraja, o Rei da Dança. Quando se despediram, o hindu declarou a Maurice Béjart:

Ah! Se todos os ocidentais pudessem aprender de novo a dançar.

Nada tenho contra os homens sérios nem mesmo me indisponho com os sisudos, mas é bom ter certeza se esse tipo de seriedade não termina sendo a máscara que rouba a beleza de nosso rosto sorridente, como se fosse esculpido, puro, pelas mãos de Deus.

E sempre que ouço os hinos nacionais de diferentes povos defendendo a guerra e o derramamento de sangue; e quando dois homens se destroem num ringue de boxe, chamado, de modo irônico, nobre esporte, sem ter condições de ser esporte e muito menos de possuir nobreza; quando crianças sofrem atentados sexuais de sua própria família; e adultos chegam a matar por causa de um tolo incidente de trânsito, não posso evitar o pensamento:

Como seria bom se todos nós aprendêssemos de novo a dançar...

Não concordo com Milan Kundera, quando afirma:

Religião e humor são incompatíveis.

Pode até haver exercícios religiosos equivocados, que se baseiam no sofrimento, em penitências dolorosas e na expiação, ao tempo em que proscrevem o prazer, a alegria e o sorriso. Umberto Eco criou um romance forte e belo, em que essas práticas medievais de negação do corpo e banimento do sorriso estão presentes. E *O Nome da Rosa* foi sucesso, tanto na forma de livro quanto através do filme excepcional, que mantém fidelidade ao texto original de qualidade indiscutível.

Mas a essência da Religião é alegre e equivale à clarinada que sinaliza vitória. Entendo também que bom humor e amor são realidades que se entrelaçam e apontam na mesma direção.

Outra importante manifestação da fé acontece quando concebemos *um Deus pessoal* que se relaciona conosco, numa das mais belas e comoventes apostas do ser humano.

O escritor da carta bíblica *Aos Hebreus* opina, com a mais absoluta convicção:

Fé é o firme fundamento das coisas que se esperam e a prova do que não se vê.

E o salmista coloca a sua entrega incondicional num clima pessoal, de alma para alma, como costumava dizer Huberto Rohden. E escreve assim um dos mais belos poemas do Saltério, a partir da arrebatada confissão da abertura:

Ó Deus, tu és o meu Deus forte.

A mesma certeza pode ser filtrada na declaração corajosa de Josué, quando teve de substituir o grande líder do povo hebreu, Moisés, e assumiu o desafio de arrematar a conquista de uma nova pátria com desassombro:

Eu e minha casa serviremos ao Senhor.

É a firmeza que também desponta na apaixonada confissão de Pascal, encontrada depois de sua morte, como uma espécie de bilhete costurado no forro de seu casaco, que reproduzo pela segunda vez, agora na íntegra, como um registro da maior e mais profunda inspiração. Imagino um Blaise Pascal comovido e com feições transfiguradas, derramando sua alma diante da presença quase tátil de seu Deus pessoal:

Ano da graça de 1654. Segunda-feira, 23 de novembro, dia de São Clemente, papa e mártir, e outros do martirológio, vigília de São Crisógono, mártir e outros. Desde pelas dez e meia da noite até cerca de meia-noite e meia. Fogo. Deus de Abraão, Deus de Isaque, Deus de Jacó, não o dos filósofos e dos sábios. Certeza. Certeza. Sentimento. Alegria. Paz. Deum meum et Deum vostrum. Teu Deus será meu Deus.

O jovem cientista brasileiro Marcelo Gleiser é bem o exemplo de um tipo de fé que se desenvolve por *inspiração da Natureza*. Em entrevista concedida por ele há alguns anos, Marcelo declarou que subscrevia com seu ídolo, Albert Einstein, uma espécie de veneração religiosa da Natureza.

Essa dimensão cósmica talvez seja a face complementar da fé pessoal e, em geral, é localizada entre cientistas sensíveis e outros amantes da Natureza.

Aristóteles é mais concreto quando fala do *motor inicial*, mas a poesia de Jesus, no conhecido *Sermão da Montanha*, passeia com as aves dos céus e seus ninhos, as raposas em seus covis e os lírios dos campos, que se vestem com maior beleza e apuro do que o sábio e poderoso rei Salomão, em toda a sua glória.

Para João Calvino, a revelação natural seria insuficiente a quem ambicionasse empreender uma plena e verdadeira busca de Deus. Mas é bom relembrar que os magos encontraram o berço de Jesus apenas vasculhando os céus e guiados por uma estrela, como antes dos astrônomos já faziam os astrólogos, com a maior seriedade e desejo de acertar.

O próprio salmista bíblico também encampa a fé cósmica, quando escreve um de seus poemas que, para alguns estudiosos, exibe influência do faraó Amenotep ou Amenofis IV, em seu culto de adoração monoteísta ao Deus que se revela no disco solar, razão pela qual foi também chamado Akhenaton, que significa, na antiga língua de seu povo, o filho do sol.

Os mesmos estudiosos também rastreiam a influência deste faraó sobre Moisés, que recebeu educação no Egito, quando foi orientado como o filho de uma princesa desse povo.

Mas voltemos, por apenas alguns segundos mais, ao Salmista, que abre seu poema dizendo:

> *Os céus manifestam a glória de Deus, e o firmamento anuncia o esforço de suas mãos...*

Ibn Arabi também nos deixa como preciosa herança o seu testemunho:

> *Meu coração pode acolher a fé dos homens todos: eremitério cristão ou templo de ícones, mesa da Tora ou versículo do Alcorão. Qualquer pista, onde o amor levar a caravana, seguirei. O amor é o único caminho da fé.*

A fé é multifacetada sem qualquer limitação, e assim não se esgota nessas curtas anotações aqui registradas, mas quero encerrar o presente capítulo mencionando a sua expressão mais bela, que denomino, com reverência, a *fé das pessoas simples*.

O exemplo eloqüente é o da viúva pobre, observada por Jesus entre os que ofereciam dádivas para apenas ostentar a própria riqueza. Mas a pobre viúva deposita tudo o que tem no cofre do majestoso Templo de Jerusalém.

A pequena moeda que cai tilintando é tudo que lhe resta, na indigência que então se torna absoluta. Mas a mulher não somente oferece um óbolo, mas dá-se a si mesma, no eterno instante de sua sumária canonização.

E o Mestre assegura que ela se transformara, por isso mesmo, num luminoso retalho do Evangelho, e que seu gesto para sempre seria anunciado como parte da boa nova e para a sua perene memória.

O poeta Manuel Bandeira, servindo-se de idêntica perspectiva, imagina a *sua* Irene e escreve um dos poemetos mais belos do mundo, destacando nessa mulher sem nenhum prestígio social a versão brasileira de madre Teresa de Calcutá ou a face feminina do pobrezinho de Assis:

> *Irene preta.*
> *Irene boa.*
> *Irene sempre de bom humor.*
> *Imagino Irene entrando no Céu:*
> *- Licença, meu branco.*
> *E São Pedro, bonachão:*
> *- Entre, Irene,*
> *você não precisa pedir licença.*

Mário Quintana fez falta à nossa Academia de Letras, e a responsabilidade ficou debitada na conta dos estranhos critérios da Casa de Machado de Assis, que o rejeitou não apenas em uma ocasião.

Mas ele foi, muito mais do que somente poeta, um homem singular. Sua musa me fazia admirá-lo com maior intensidade: Bruna Lombardi!

Sabemos que este homem tecido de sonhos viveu da generosidade do atleta Falcão, jogador excepcional de futebol, considerado o *Rei de Roma*. Porque Falcão lhe garantiu, até a morte do poeta, um modesto quarto de hotel, no Rio Grande do Sul.

Certa vez, o interpelaram se não o constrangia o fato de nunca ter tido sequer um teto durante toda a sua vida, já bastante avançada em anos. Respondeu como um santo:

> *Não faz mal, moro dentro de mim.*

E foi como um santo que ele também falou com toda a serenidade:

> *A morte deve ser assim:*
> *um céu que pouco a pouco anoitece*
> *e a gente nem soubesse*
> *que era o fim...*

Muitas vezes me quedo a pensar que todos nós – e até o próprio Salmista – temos ainda muito que aprender da singeleza sem poses dessa Irene, cheia de graça e de paz. E da santidade sem nicho, auréola nem altar do imortal Mário Quintana...

9

DE MITOS E RITUAIS

> *O homem vive de razão e sobrevive de sonhos, como Miguel de Unamuno nos ensina. E eu vejo na difícil amálgama do sonho com a razão o nascedouro dos mitos e rituais, que oferecem algum nexo ao mistério da vida humana...*

O homem primitivo e bronco olhou para os astros que pareciam pulsar na amplidão escura e impenetrável, igual ao fechado breu, como minúsculas bolhas de uma luminosidade quase opaca e de pequeno alcance, que me evocaria, lá estivesse, o leite abrindo fervura em panela de ferro enegrecido pelo tempo e pelo uso no velho fogão a lenha de uma fazenda perdida nos cafundós de Casa Branca, pequena cidade meio escondida no mapa e afundada no interior do estado de São Paulo, uma das últimas contempladas pelos serviços dos antigos e românticos trens da Mogiana.

O fundo do firmamento, tão escuro quanto a mãe das noites, atraiu o atento olhar do homem atarracado e quase nu e provocou aquela admiração que já lhe era familiar, somada ao estranho e velho medo, que começava como uma espécie de fisgada bem na boca do estômago e eriçava os cabelos rebeldes, hirsutos, e os pêlos da espinha que exibia uma curvatura ainda muito pronunciada, quase impedindo que seus olhos observassem as estrelas, enquanto caminhava sem itinerário certo.

Ele não sabia muito bem se os arrepios que lhe cruzavam intermitentes a pele grossa e cabeluda vinham do frio úmido da noite, assim que o sol sumiu atrás dos morros vizinhos, ou era o sinal para que fugisse sem tardança pela ravina afora, em desembestada carreira, até a segurança da caverna, onde escondia suas pedras pontiagudas que tantas vezes o protegeram de ataques imprevistos.

Suas caçadas que tanta emoção lhe traziam estavam igualmente ali, pintadas pelo velho nas paredes lisas de um creme fechado, quase marrom com reflexos arroxeados, que se conservavam sempre resfriadas, contrastando com o calor excitante da fêmea sensual, lânguida e nua sobre peles mal curtidas que exalavam um cheiro duvidoso, muito embora macias e confortáveis.

Costumava coçar, sem aparente razão, os cabelos sujos e oleosos, intrigado e sem respostas, quando lhe parecia que o mar se encorpava, ameaçando cobrir a terra, ou então ao perder todo o seu volume, como se lhe fugisse do olhar perscrutador, mas de curto alcance, e fosse sugado pelo abismo protegido pelo rebuliço das ondas espumantes e jamais visto por ninguém: assim lhe segredara o velho esquelético com os olhos que sumiam nas órbitas escuras e encovadas, do mesmo modo como também se embarafustavam em suas tocas, no ventre da terra, os enormes tatus de apetitosas carnes.

E o homem de anguloso rosto de pedra que nunca sorria se esquecera de quem lhe havia contado, por meio de sinais e rabiscando o chão com um graveto apanhado do chão, que o sol num certo dia se apagou por longo tempo, e a noite chegou de repente, modificando o andamento das coisas e mergulhando a mata em absoluto silêncio. Apenas a coruja desandou a piar, enquanto as sombras vivas se fizeram imóveis, atônitas e tomadas de surdo pavor, até que o dia foi voltando devagar e sem explicações, numa segunda e resplandecente manhã respingada de orvalho fresco.

O pé de vento forte fez elevar uma espiral que parecia romper furiosa de alguma brecha do solo, arrastando consigo uma infinidade de folhas avermelhadas pelo outono, que pareciam imantadas aos caprichos do redemoinho, dando a impressão de que o chão estava ferido e logo a hemorragia letal deixaria o seu sangue se esvair na direção do céu, abundante e num grande esguicho escarlate, como sucedeu ao javali ainda novo que ele derrubara com uma só bordoada. Num átimo de nada o brutamontes lhe rachou a testa, antes de esmigalhar-lhe o focinho comprido e atrevido, com golpes precisos de incríveis rapidez e ferocidade.

Em todo o tempo da rápida caçada, o bruto emitiu interjeições de evidente sentido e um sonido mais refinado do que simples berros desarticulados, como muitos ainda costumavam ecoar pela floresta.

O bicho se debatia e estertorava, quando foi destripado com pedras afiadas e unhas enormes e sujas que evocavam garras eficientes como as de qualquer ave de rapina. E o homem tosco então comeu cru e com sofreguidão o coração do javali caído, que teimava em continuar pulsando e a esborrifar restos de um sangue escuro e de cheiro ativo muito forte, que lhe escorria da boca como um caldo grosso que tingia seu queixo projetado à frente, como o maxilar superior e a dentuça agressiva, traçando estranhos desenhos e arabescos no peito cabeludo, antes de alcançar, em sua evolução preguiçosa, e salpicar de gordos pingos rubros o chão onde o mastodonte sentara para destrinchar e devorar sua presa volumosa e fedorenta.

Nos cantos da boca tingida de sangue e exibindo fiapos de carne esquecidos pela fúria da fome, surgia em instantes fugazes e quase imperceptíveis um esgar de satisfação que bem poderia estar por ali sinalizando a véspera dos sorrisos...

Deu depois um longo e formidável arroto de saciedade e fastio, enquanto metia na boca a mão imunda para desembaraçar os dentes dos maiores nacos de carne fresca ali encruados.

Mas isso havia acontecido quando seus braços, agora já cansados, eram bem mais poderosos e antes que ele fosse obrigado a cobrir com pedras e terra o corpo duro e frio de seu velho, com gestos que não nasciam apenas dos braços marcados pelos muitos dias...

* * *

O relato acima é evidente fruto de minha imaginação. Sem cuidado maior e nenhuma pesquisa, tentei destacar um possível retalho na vida ainda bruta de um antepassado nosso distante vivendo as primeiras perplexidades que a razão impõe ao ser humano. E injetei um pouco de romantismo ao tratar da Natureza e de seu velho pai que, se o relato fosse verídico, não teria mais de trinta anos.

Minha maior preocupação foi a de mostrar atitudes do homem primitivo, debaixo do nosso olhar atual. Ao viver as suas experiências e emoções, o hipotético ancestral se vê forçado a usar o próprio instrumental rudimentar de interpretação, sem abrangência maior. Afinal, estamos falando da distante aurora do *homo sapiens*, em suposto e impreciso calendário.

Acredito que temos aí um excelente ponto de partida para especular sobre a origem dos mitos. São fatos que passam pelo filtro de uma simultânea interpretação carregada de emoções poéticas verdadeiras. Vale dizer, os mitos são de perto aparentados aos poemas e guardam vantagens significativas sobre a narrativa exclusivamente racional. Porque resistem bravamente ao tempo e possuem a abrangência, sem fronteiras e datas, das criações que são marcadas pela universalidade.

Para fazer ainda outra singela analogia, acrescento que o mito está mais para a pintura abstrata que para uma foto ou mesmo algumas concepções figurativas. Lembram mais a balbúrdia e a linguagem caótica que eclodem como uma festa em nossos sonhos, do que as poses que fazemos para que nos guardem, bem arrumados, em uma insignificante e inerte cópia fotográfica.

Dá para imaginar que a capacidade embrionária de reflexão e domínio de conhecimentos trabalha contra a compreensão do ser humano, em seu alvorecer. Mas ele possui a chama da obstinação e mune-se de seus recursos limitados para começar a reconhecer o mundo, onde um dia foi visitado pelas preocupações que não o abandonariam em sua caminhada.

Parece-me então provável que, no despertar da humanidade, a criatividade humana, ao superar as suas matrizes familiares muito mais brutas, criou ferramentas substitutivas que conhecemos como mitos e rituais. São recursos da maior importância para assimilar e comunicar certos fatos que se instalam além de avaliações e justificativas estritamente lógicas e racionais.

Paulo de Tarso sabia, nos seus dias, de todos esses esforços, para poder declarar:

> *Agora, num jogo de espelhos, vemos o que buscamos como se fosse um enigma, então enxergaremos com absoluta nitidez; agora o meu entendimento é fracionado, mas logo vou conhecer de modo claro e cabal.*

É natural concluir que o ser humano primitivo ficasse sem outra alternativa que não fosse a de apelar para o recurso, já bastante elaborado, dos mitos e rituais quando sua razão entrasse em colapso e se fizesse preciso dar conta de enigmas indecifráveis.

Um itinerário muito semelhante pode ser localizado na formação dos antigos tabus, como o do incesto, por exemplo.

O mito nunca é apresentado com o rigor racional de uma descrição histórica, mas quero repisar que sua formulação se aproxima da linguagem emocional e alegórica que utilizamos na composição poética. É preciso sublinhar que o mito, de nenhuma maneira, se opõe à razão, muito embora também não se acomode nem se vergue aos ditames da lógica comum.

E então os mitos, que nasceram da impotência para dissecar racionalmente a realidade com as minúcias de uma prosaica aula de anatomia, alcançaram a universalidade dos arquétipos de Jung utilizando recursos limitados. E se pareciam, por isso, fadados a morrer no nascedouro da pré-história, o fato é que renasceram com toda a força e beleza no corpo e na alma da humanidade e ainda ostentando latitude planetária, sem as restrições que costumam acompanhar aquilo que é datado e aprisionado a um contexto específico.

A assunção de Maria ao Céu, sem passar pela experiência da morte, dogma que não possui qualquer apoio histórico ou embasamento bíblico, foi visto por

Carl Gustav Jung, o que também me parece evidente, como o poder do desejo popular, que superou os ditames da Instituição eclesiástica e mesmo o bom senso da reflexão teológica, engolfado que estava na elaboração de seu próprio mito. Na verdade, a Igreja usou uma ampla consulta feita ao povo, antes de dogmatizar que Maria subiu ao Céu sem morrer, num processo que não encontrou aceitação pacífica de muitos cristãos e de importantes teólogos do próprio catolicismo.

Mas eu lhe pergunto, leitor, se o peso determinante do desejo popular não deu também a última palavra no confronto com as sérias objeções de importante setor privilegiado da Igreja quanto à existência histórica de São Jorge, que trazia de cambulhada o seu impossível dragão e uma bizarra biografia mesclada de lendas mirabolantes? Acredito que este igualmente será o caminho da *canonização* certa de padre Cícero, de Odete e da escrava Anastácia.

É importante lembrar, por outro lado, que nem toda a argúcia política da Igreja, quando não contou com a força determinante do povo, foi capaz de elevar aos altares o venerando Kung Fu Tzé, como um conveniente *São Confúcio*, na evangelização da China. Assim como antes, por semelhante motivo, não prosperou o ingente esforço para *cristianizar* Platão e Aristóteles, o que pairava além da sincera admiração de Santo Agostinho, Santo Tomás de Aquino e outros padres cultos pelas idéias brilhantes desses filósofos gregos da Antiguidade Clássica. Parece-me que é muito mais fácil *batizar* como cristãos grandes monumentos de outros cultos, como, por exemplo, percebemos na apropriação indébita, com testemunhas históricas, do magnífico Panteão de Roma, um tipo de pilhagem cultural religiosa que está longe de restringir-se apenas à Igreja.

Você não entende que, por este viés, podemos descobrir a chave para começar a entender o mistério de um dos mais conhecidos brocardos, passível de ser questionado, mas resistente às tentativas de revogação? Estou pensando no refrão da mais forte densidade popular:

A voz do povo é a voz de Deus.

Confesso-lhe, leitor, que alguns textos da bíblia, acoplados a outras observações, me fazem supor que o divino poder está mesmo presente, com eficácia, nos mais caros sonhos populares. Dá para alinhavar passagens das Escrituras que se entrelaçam para apontar o potencial do ser humano. Veja só alguns exemplos. O homem é visto pelo salmista como apenas um pouco menor do que Deus. E Jesus assegura que o que pedirmos a Deus, em seu nome, será efetuado, assim como nos promete feitos maiores do que os dele! É possível então até admitir que a voz de Deus é também, em contrapartida, a voz do povo. O apóstolo Paulo chega a escrever em uma de suas cartas que Deus escolheu as coisas que não eram para reduzir a nada as que eram.

Cervantes, sem mencionar argumentos da Teologia, nos mostra no seu livro imortal que o sonho de D. Quixote e o seu intenso amor foram capazes de criar a meiga Dulcinea...

O poeta russo Maiakovski, em contexto completamente diverso, se movimenta com esta mesma *insustentável leveza do ser*. E pode, por tal motivo, falar, com vitoriosa beleza, dos possíveis ganhos de uma perda:

> *Minha anatomia se fez louca,*
> *sou todo coração.*

Os grandes livros, que despertam a reverência do que é tido como sagrado, utilizam recursos mitológicos, embora os fiéis mais limitados e obtusos se oponham a essa constatação porque confundem a designação de *mito* como sinônima de mentira. E então se apegam com exclusividade à poesia do mito como se fosse o ensino raso de um catecismo para os imberbes do espírito:

> *Seus olhos infelizmente ainda se fixam no dedo que aponta, e não vêem a lua que o indicador quer destacar...*

Um bom exemplo de mito, na esfera judaico-cristã, são os relatos da Criação que abrem o livro de Gênesis, porções de vários profetas bíblicos e o texto completo do Apocalipse.

Os cultos trabalham com mitos ancestrais, assim como são recheados de rituais que cumprem o papel de eficazes veículos de comunicação: sinais, gestos, posturas, palavras, objetos e elementos especiais colocados a serviço da comunicação do mito, com toda a sua poderosa simbologia.

Vejo na pompa litúrgica da missa o mais explícito e claro exemplo de ritual, na vida religiosa.

Mito e ritual são quase como a cara e a coroa de uma moeda. A linha divisória que os separa é, na verdade, sutil e imprecisa. Porque o mito pode ser entendido como um *fato*, que tem no ritual o modo mais eficiente de sua comunicação. Mas pode haver uma tão perfeita amálgama entre ambos, tornando-os bem próximos de uma única e mesma realidade, ou seja, um verdadeiro e indivisível bloco monolítico.

Todos os movimentos radicais e polarizados que se meteram a proscrever da experiência humana os mitos e rituais viram com frustração seus inúteis esforços descendo pelo ralo da História.

E eu lhe pergunto, leitor, se existe alguma esfera humana que seja vedada aos mitos e aos rituais? Deles não prescindem o ser humano, a família, a Igreja e todas as demais instituições, religiosas ou não, nem mesmo o Estado e a própria Ciência.

Registro, a título de curiosidade, a atitude, no mínimo intrigante, de muitos intelectuais brasileiros que desprezam a Religião por absoluta falta de interesse e porque a fé já não os emociona nem acena com qualquer sentido para a vida, em seu exercício diário, quando pretendem assentar os pés bem plantados no chão, que se pretende concreto, da *realidade*.

Em contrapartida, a mesma elite intelectual não se peja de fazer uma fezinha no popular e controvertido *jogo do bicho*, em cruéis brigas de galo, corridas de cavalo, lutas de boxe e vale-tudo, a despeito de configurarem crime ou contravenção penal.

E esses intelectuais podem ainda elaborar verdadeiras liturgias de fundo supersticioso, apoiados na frouxa e tola mentalidade mágica, antes de um mero jogo de futebol.

Sucedem assim coisas insólitas em grupos que acompanham, por exemplo, os vários jogos de uma Copa do Mundo: temos de assistir a todas as partidas no lugar onde a primeira vitória aconteceu. É importante que se use a mesma roupa durante os jogos, de preferência, sem lavá-la. Pensamento positivo e concentração do grupo quando houver cobrança de faltas para o nosso time, dobrando-se o esforço quando se tratar de pênalti.

Vale o avesso se as cobranças forem do time adversário. Sem esquecer o direito de expulsar do recinto quem torcer contra o nosso lado ou em caso de suspeita de que se trata de um *pé frio* azarão...

E já basta.

10

O SOBRENATURAL

Natural, sobrenatural, extraordinário, fantástico e miraculoso são palavras que explicam as nossas emoções. Mas eu acho mesmo que, bem no fundo, tudo é natural...

A simples menção da palavra *sobrenatural* está comprometida com idéias e imagens já pespegadas nela, como resultado de um condicionamento invencível, referências às almas penadas e fantasmas que arrastam correntes nas madrugadas dos castelos, casas mal-assombradas, pedras atiradas contra todos, chuva de pregos, vultos fugidios e gargalhadas de deboche, levitação de objetos e de pessoas, frio extremo sem causa aparente e a proliferação de estranhos ruídos, aparições e espíritos desencarnados, milagres, possessões demoníacas e as mais complexas formas de exorcismo.

Este não é bem o propósito do presente capítulo, embora exista uma aproximação parapsicológica séria de tais fenômenos, ainda nebulosos e obscuros para a própria Ciência convencional. Por outro lado, devo deixar assentado que não me animo a negar o desconhecido, levianamente. E, ainda que tateando, prossigo na procura de um entendimento mais completo e profundo desses fenômenos que me escapam, mas que no fundo também me fascinam.

Parece-me que em tempos remotos, e ainda hoje nos bolsões travados pela inércia e resistentes ao progresso, a humanidade se caracteriza pela excessiva ênfase concedida ao elemento sobrenatural. Há uma farta literatura sobre o assunto, que destaca o fenômeno miraculoso, em todos os sentidos, e sua interferência na vida humana, através da perigosa porta da superstição, crendices, tabus e outras práticas mágicas, que funcionam, no entanto, como embriões do pensamento religioso e metafísico.

Nos últimos séculos, um acentuado surto de racionalismo varreu essa verdadeira invasão do extraordinário, fundamentando o pensamento do homem na negação do que não pudesse ser explicitado pela razão e avaliado pelos seus sentidos clássicos. Foi o auge da influência de Descartes e Comte na formação de uma mentalidade que testava, com rigorosa e afiada crítica, o que poderia ser aceito como fruto de pesquisa científica metódica e séria, e o que precisava ser sumariamente escoimado, uma vez que representando apenas as distorções do atraso e os equívocos da superstição.

Entendo que uma posição de equilíbrio não pode identificar-se com a tentativa cômoda de encontrar o meio termo entre os dois extremos. Afinal, nem sempre o filósofo Aristóteles merece nossa adesão por ensinar que *a virtude está no meio*.

Um coerente ponto de partida deve esclarecer, antes de outras considerações, o que de fato entendo por sobrenatural.

Evoco novamente o notável entendimento de Louis Pawels e Jacques Bergier, quando caracterizam como fantástico o que prefiro denominar sobrenatural, em grande parte para distingui-lo daquilo que é comum, natural, corriqueiro:

> *Geralmente se define o fantástico como o aparecimento do impossível. Para nós não é isso de modo algum. O fantástico é uma manifestação das leis naturais, um efeito do contato com a realidade quando esta é percebida e não filtrada pelo véu do sono intelectual, pelos preconceitos, pelos conformismos.*

Mas a vida é dinâmica e plural em suas formas cambiantes. E quando busco melhor entender o homem por este prisma, e assim também me entender, percebo a presença de quatro fases ou estádios que lembram, por analogia, a infância, a adolescência, a juventude e a mais plena maturidade, nessa caminhada ininterrupta da humanidade. É fato que essas referências não são separadas em compartimentos estanques, mas até certo ponto se embaralham, da mesma forma como sucede à vida das pessoas individuadas.

Na primeira fase, vejo o homem marcado, quase com absoluta exclusividade, pelo predomínio das pulsões e carências de seu corpo e pelas primeiras manifestações do pensamento mágico e animista no seu entendimento da Natureza e de si mesmo.

De vez em quando, porém, os olhos do primitivo ganham um brilho estranho e misterioso, ao acompanhar extasiados a verdadeira concentração de cores circundando um pôr-do-sol festejado pela brisa fresca e estimulante da viração ou a lua azul a passear no firmamento de veludo negro mais do que retinto.

Sua atenção se volta agora para o rumor alegre e cadenciado das asas escandalosas dos pássaros, em sua vigorosa revoada saudando o sol que se dissolve nas nuvens incendiadas, nesse instante mágico e indeterminado em que mais um dia mergulha no silêncio misterioso da noite...

Em momento mais inspirado, de um velho osso de urso o nosso parente distante se esquece da costumeira fome, ao modelar uma flauta rudimentar. E o tosco instrumento nas mãos de movimentos motores ainda desajeitados lhe assegura, de alguma sorte, que seu filho crescerá ouvindo música.

Mas este ser frágil, a despeito da carapaça musculosa, e ainda híbrido, em visível fase de transição, sente-se com freqüência encurralado e estranho aos próprios olhos. Quer trepado numa árvore ou mal protegido no interior da caverna inóspita, na verdade, o homem não tem um *habitat* nesse tempo de transição marcado com um sopro, que era bem mais do que uma simples lufada de brisa primaveril. Sente-se menos capaz do que os símios para suspender-se entre galhos e os grossos cipós, e não sabe, nem mesmo ainda hoje, como lidar com a razão e outras potencialidades que emergem dentro de seu mundo interior muito vagarosamente, mas com nítidas conquistas e ganhos que o fazem, para sempre, *diferente* dos outros seres vivos. Pode ser o maior predador do mundo que o assombra, mas é ele também que inventa a bondade.

Sente pavor da noite, espanta-se com os barulhos estranhos, com as perguntas marteladas em seu íntimo como indagações simples que despontam virgens, sem encontrar respostas, aos seus olhos atônitos. Vislumbra vultos escuros e fugidios que se insinuam solertes e à espreita para assombrá-lo ou maquinar contra si ignorados malefícios. Ouve vozes que enternecem e ameaçam. E entra em pânico diante da fúria descontrolada dos elementos.

É como se ele estivesse no centro de uma conspiração contra a sua existência. Ou sentisse, pela primeira vez, como se maquinassem contra a sua segurança. E de repente se apropria dele uma vaga e nebulosa consciência de que teria agido mal, e os primeiros conflitos e culpas conseguem fustigá-lo e lanhar-lhe a alma de criatura pura e elementar, mas com uma longa e desconhecida herança evolutiva que ele não tem condições de entender, ainda que alguém se dispusesse a lhe explicar com paciência infinita.

Sem perceber com clareza, o bruto reúne as experiências matrizes de seu pai e mãe e inicia a *concepção* de deuses e de cultos com sacrifícios, para não ser destruído, mas também visando receber orientação salvadora apropriada para a sua vida promissora e nova.

Todas essas emoções são pontuadas por interjeições, quase na véspera da comunicação que virá com a fala fluente. Muitas vezes ele se espanta ao ouvir os sons diversificados que fazem cócegas em suas cordas vocais semi-adormecidas e se projetam da boca rústica distendida pelos dentes afiados, grossos de sujeira, como uma dentadura que ameaça despencar-se do maxilar.

É atormentado em seu miúdo universo ou no imenso e aterrador entorno, onde começou a deitar fortes raízes, por uma incômoda estranheza e a dificuldade para adaptar-se. Nos freqüentes pesadelos, que se misturam à sua assustadora vigília, vive todas as perdas e a angustiosa imagem de um jardim povoado de paz e a beleza em algum indefinido lugar entre rios. Inveja o comportamento ajustado dos outros animais e a destreza que exibem com naturalidade, que lhe faltam, apesar do ambiente hostil.

Parece mesmo um milagre que o ser humano tenha superado as enormes dificuldades de seu alvorecer. Sabemos de aventuras paralelas que não lograram subsistir.

A adolescência da humanidade já exibe crises, tensões e todos os descompassos que chegam com o desenvolvimento e a maior nitidez da racionalidade na cena do *homo sapiens*. E ele se vê dilacerado pela dor de seus conflitos interiores, ainda mais lancinantes do que o sofrimento físico, quando seu corpo fica chagado e sujeito às mutilações e mesmo à morte nas inúmeras lutas e combates com os invasores de sua caverna e eventuais hordas agressoras.

É a época da mais aguda perplexidade, quando a maturidade já é vislumbrada, mas a infância também ainda se manifesta. Como na adolescência de uma pessoa, a voz falseia, os movimentos motores são ainda descontrolados e o humor sofre grandes oscilações, suas comunidades também vivem momentos de construção febril e amadurecida, em diferentes áreas de sua vida marcada pelo dinamismo consciente, mas se perdem nas fúrias súbitas e insensatas que levam às guerras e a retaliações de todo tipo de descompasso.

A espiral do progresso se acentua, mas salta também aos olhos a face perversa da prosperidade que o homem logrou conquistar. Nega tudo o que escapa da estreita faixa de absoluto domínio da lógica e da razão, mas alimenta na clandestinidade suas crendices e superstições, como foi visto no capítulo anterior. Desafia a estrutura mágica de um mundo infantil, mas, em seguida, *isola-se* da punição que deveria ter provocado com três pancadas dos nódulos dos dedos em qualquer superfície de madeira. Investiga as linhas das mãos e as vísceras dos animais, vasculha os astros, *vê* mensagens em tudo, dos baralhos e runas aos búzios. Mas sempre sorri se alguém o surpreende nessas práticas, porque tudo é bobagem, como diz. Positivamente, não gosta de acreditar nas bruxas, mas ainda assim aposta que elas existem. Mesmo que seja através de ações solertes e clandestinas...

O terceiro estádio flagra a humanidade em seu momento mais dinâmico, a juventude. De certa forma, também mais sensato e acomodado do que na adolescência da espécie, o ser humano busca conforto, aventuras e o glamour que o dinheiro pode comprar. O homem se torna vítima da competição sem medidas que ele mesmo inaugura. E os conflitos se tornam cada vez mais generalizados, potencializados pela Ciência e a moderna Tecnologia. O mundo cabe por inteiro em seu quintal, com o advento do computador e da internet, essa fiel e moderna bola de cristal que lhe desvenda os problemas mais difíceis, mas provoca uma lembrança vaga e difusa da mitológica árvore da ciência que discerne o bem do mal.

É curioso o que então acontece. Quanto mais ele se sofistica, mais suas atitudes se tornam selvagens. Uma triste realidade que veio para ficar. Porque ter a vida disciplinada e grandes ambições incrementam o crescimento e produtividade em diferentes áreas, trazem avanços estonteantes ao progresso, que também já ruge como um leão que parece estar sempre esfaimado e disposto a matar sem se prender a critérios éticos e discriminação moral.

É o clímax da especialização que criará o trabalho vil e mesmo escravo, aumentando, com grande perigo, o número de desempregados, especialmente nos países mais pobres. E gerando também guerras ainda mais ferozes e generalizadas.

Parece-me claro que esse processo de evolução da humanidade não se ajusta ao modelo de uma linha de produção industrial em massa, já porque não existem mudanças que sejam, em tudo, iguais para todos.

Mas é possível perceber que uma quarta fase se esboça no horizonte humano, sinalizando o começo de sua maturidade. Meu amigo Luís Alfredo Mileco, psicanalista, já há muitos anos nutre a esperança de que aconteça a mutação física e espiritual capaz de introduzir na terra o *homo afectus*, o ser do amor e da ternura, depois do *homo ferus* e de nosso conhecido e conturbado *homo sapiens*.

A pós-modernidade, a globalização, as viagens espaciais, o salto de qualidade em todas as áreas e coisas espantosas, como a clonagem, os desdobramentos da decifração do genoma humano e o grande avanço que deverá acontecer com as revolucionárias pesquisas das células-tronco.

O que já se obtém supera de muito *O Admirável Mundo Novo*, de Aldous Huxley. Por isso ele ri das experiências criminosas incipientes do doutor Mengele, que felizmente ainda engatinhava na sua monstruosidade.

Trata-se de verdadeira mutação que abre para o ser humano a possibilidade de pensar e agir, não mais apenas pelos parâmetros naturais, e sim munido de recursos sobrenaturais. Nem se trata de experiência inédita para o homem, que é dotado de um tipo de natureza cultural, o que, a rigor, já é um fato sobrenatural e único na terra de todos nós.

É possível sentir os primeiros efeitos desse estádio sobre a comunicação, com mudanças interessantes na linguagem que pretendia ter, até bem pouco tempo, valor absoluto.

As palavras eram medidas, definidas e precisas, com o objetivo de atingir a verbalização perfeita e a capacidade de aprisionar fatos concretos através de recursos abstratos. Mas o que se mostrava apropriado para a compreensão maior entre os seres humanos logo se evidenciou como uma barreira às idéias particulares, que morriam em seus próprios casulos. A facilidade de entendimento de um texto escolástico, por exemplo, dificulta-lhe a aceitação pacífica, porque radicaliza as *verdades* e, como conseqüência, esteriliza o diálogo, ao torná-lo difícil de ser aceito, vez que o homem comum se mostra vedado aos dogmas alheios e escravo dos próprios.

Parece-me mais apropriado retirar a camisa-de-força da linguagem, liberá-la através de um exercício de plasticidade, quebrar os caminhos até aqui tidos como naturais e fazê-la mais fluida, sobrenatural.

Um exemplo sugestivo nos é oferecido pela chamada poesia práxis, que faculta ao leitor a co-autoria do poema. As palavras e expressões dessa poesia têm valoração objetiva, mas de forma nenhuma chegam a inibir a criatividade de quem entra em contato com o texto que as contém, antes estimulam a parceria e todo tipo de participação.

Releia os discursos de Jesus. Eles não são, de forma nenhuma, irracionais, e sim priorizam a emoção das historietas ou parábolas, que são o grande e eficiente exercício mítico do Cristo, tentando sempre enredar os seus ouvintes e levá-los a tecer com ele o sonho de uma felicidade desejada. Seria por isso que, assim como Sócrates ousou com a filosofia da maiêutica, do parto, Jesus também não concebeu o Evangelho como um livro fechado? O homem não é estático para o Cristo, que, ao desenvolver seu pensamento, evoca reminiscências do sábio mestre de Platão:

É necessário nascer de novo.

Suas palavras de beleza, força libertadora e fonte de vida ficaram para sempre costuradas à nossa imaginação e aos nossos sonhos, por vezes pobres e deformados, como um caco de espelho extraviado que já quase não reflete o rosto de Deus. E nem mesmo o nosso próprio.

Mas o que o ser humano descobre é que Jesus abandona com toda a urgência as nossas prisões espelhadas. Ele é *mais hábil* que Deus. Mais ágil. Mais moço. Jesus é muito mais poeta que teólogo. Muito mais criador do que organizador de idéias.

Arcângelo Buzzi, em pequeno texto, nos ajuda com seu descortino a entender melhor o presente assunto. E eu lhe dou a palavra:

> *A linguagem diz nas palavras o ser. Estudar a palavra é acionar o desenvolvimento do ser, num ângulo próprio, esclarecendo como ele aparece e se dá a conhecer na casa da palavra. Um tal estudo mostra que algumas vezes a palavra enuncia claramente o objeto representado conforme as determinações que o sujeito lhe dá, como, por exemplo, dois mais dois são quatro, o Brasil é um país da América Latina, Deus é bom.*
>
> *Em segundo lugar, mostra que a palavra é mais que o conteúdo determinado pelo sujeito, que ela está sempre aí para nos conduzir a um nível de maior profundidade, pressentido, mas que não sabemos pronunciar; estamos então diante dela na sabedoria socrática do sei que nada sei, como, por exemplo, sabemos que não sabemos o que é a bondade, o que é a inteligência.*
>
> *E por último um tal estudo nos leva além da palavra que não-sabe, para a não-palavra. É a indocta ignorantia. No primeiro nível teríamos a ciência, no segundo a filosofia, no terceiro o que possibilita tanto uma coisa quanto outra.*

Devo, no entanto, reafirmar que o elemento sobrenatural não se esgota em expressões literárias, e sim é toda uma abertura sonhada e temida na infância da humanidade, quando grassaram variações de um ocultismo ingênuo, com seus anjos e demônios, tabus e superstições.

Na adolescência humana, mergulhada em crises de radicalismo, o sobrenatural tende a ser repudiado, em grande parte. Ao menos, oficialmente. Foi reavaliado com reservas no desdobramento do tempo, ao espocar da juventude. E começa, enfim, a ser visto e entendido pela humanidade adulta, dentro de uma perspectiva equilibrada, como instrumental indispensável ao nosso entendimento plural.

Apenas a maturidade faz possível o resgate do potencial implícito na dimensão sobrenatural, sempre mal compreendida, temida e proscrita.

Não faz sentido repetir as mesmas tolices sobre milagre, isto é, pensar de forma leviana na suspensão das leis naturais ou no uso mágico dessas mesmas leis para a obtenção de um grande feito fora do comum, que é almejado.

As explicações da Parapsicologia são ainda elementares e incipientes, mas revelam um esforço científico sério para opinar sobre fenômenos como telepatia, clarividência, levitação, pré-cognição, ao contrário de povos ou pessoas sem maior informação e que, por isso mesmo, ainda vêem no trovão, num acidente fatal ou até nas doenças incuráveis manifestações da ira divina.

É, no entanto, muito mais grave imaginar que os intelectuais positivistas combateram a vacinação dos habitantes do Rio de Janeiro levada a cabo por Oswaldo Cruz, porque esses doutos não concebiam a existência do microrganismo, que não podiam ver a olho nu. Algo assim como se um cego duvidasse da existência deslumbrante das cores, pelo simples fato de não poder apreciá-las em sua exuberância, por objetiva deficiência visual.

Em muitos aspectos, a velocidade das próximas conquistas irá depender, como já aconteceu em tempos idos, do espírito de iniciativa e de aventura que se oculta no ontem de todas as descobertas. Kierkegaard tanto nos previne quanto se torna portador de esperança:

> *Aventurar-se causa ansiedade, mas deixar de arriscar-se é perder a si mesmo... E aventurar-se no sentido mais elevado é precisamente tomar consciência de si próprio.*

Os bons livros que tratam deste assunto são escassos, mas os interessados poderão garimpar nos *sebos*, formando um pequeno acervo com obras de espiritualistas, outros autores que se dedicaram às pesquisas metapsíquicas, cientistas sérios e comprometidos com a verdade, quer na área psicológica ou parapsicológica.

Recomendo obras de Ernesto Bozzano, Camile Flammarion, Arthur Conan Doyle, Carlos Embassay, Tomson Jay Hudson, Charles Richet, Robert Tocquet, Th. Flunoy, J. B. Rhine, Alfred Still, Ivone Castellan, Oscar Quevedo, Júlio Andrade Ferreira, João Carvalhal Ribas, Henrique Maurer Jr., Jerônimo Gueiros, Leonídio Ribeiro e José Alberto Gueiros.

Os livros dos autores supracitados são oportunos e foram publicados no Brasil. Esses, os principais motivos da pequena seleção que me alegro poder indicar-lhe.

Creio que, para encerrar o presente capítulo, basta sublinhar que, dentro do processo irreversível da evolução, a dimensão sobrenatural, que está imiscuída em nossa existência e em tudo que sabemos ou buscamos conhecer, traz um especial sabor à nossa vida, dilatando a percepção que temos de todas as coisas.

Existe, porém, na busca do sobrenatural e do transcendente, a necessidade de abandonar velhas trincheiras e concepções que foram sendo superadas pela maturidade do ser humano até se tornarem completamente obsoletas, num processo que se impõe, uma vez que a evolução é incessante e irreversível.

A teologia grega é um bom exemplo, pois evidencia uma tendência que também se repete em outras Culturas: torna-se importante observar um comportamento tipo gangorra, que tende a repetir-se. Observe que, na exata medida em que o ser humano cresce e se impõe até quase se divinizar, *tornando-se a medida de todas as coisas*, como aconteceu na época de Sócrates e Péricles, cerca de cinco séculos antes de Cristo, os deuses gregos vão perdendo brilho, substância e o importante papel que ocupavam, até se tornarem ridículos e irrelevantes.

Poderosas figuras como Poseidon, Prometeu, Hércules e tantos outros se abastardaram no Olimpo grego.

E o desastre chega ao ponto mais fundo do poço, quando o grande Zeus passa a perseguir as donzelas nos campos como um velho esclerosado, debaixo dos impropérios compreensíveis de Hera, sua mulher...

Mas é preciso ter em mente que a aproximação consciente do elemento sobrenatural nos revela hoje, com oportuna nitidez, a face oculta da Natureza, e em particular da natureza humana, como um testemunho verdadeiro de que o homem pôde dar um passo a mais.

11

DOGMA

Acredito honestamente que o único dogma cabível é o dogma de não dogmatizar. Ficariam revogados todos os demais, se de mim apenas dependesse. E estamos entendidos.

Heráclito, que viveu antes de Sócrates, em fragmento cuja autenticidade não é aceita de modo pacífico entre os estudiosos do pensador, teria afirmado:

Tudo flui, nada permanece; o mesmo homem não mergulha duas vezes no mesmo rio, porque muda o homem do modo como o rio muda também...

Foi assim que ficou registrado o testemunho, seja de Heráclito ou de um outro também apaixonado pela sabedoria, de que já na Antiguidade Clássica germinara essa perplexidade, que parece prenhe de um amargo travo da melancolia vivenciada pelo ser humano quando confrontado com a provisoriedade de tudo que existe e, portanto, com a sua própria finitude, impermanência e a angustiante sombra da morte. Walter Jens escreve sem dúvidas:

Não ter medo nem esperança é, igualmente, desumano.

E Paul de Kruif abre seu livro sobre a morte confessando com perturbadora impotência que, de alguma forma, já revela o tom de sua obra:

Não quero morrer.

Pelo menos, como senso comum, ninguém quer. Com as pouquíssimas exceções de pessoas excepcionais, como Paulo e São Francisco, que declaram anelar a morte, e de uns poucos que se sacrificam heroicamente por uma Causa, o ser humano ama o corpo que tem, o corpo que na verdade ele é, e o alimenta, veste, cuida, poupa e o quer instruído, belo, prazeroso e feliz. É angustiante saber na alma que o tudo que temos ou somos é perecível na experiência humana e que a morte é o nosso horizonte fixo, o limite que só a fé desconhece e ultrapassa, porque continua a tecer nossa história pela força da esperança, mesmo depois que já deixamos de ser. A esperança nos assegura com desassombro que, dentro de uma perspectiva definitiva, o não-ser é só uma simples figura de retórica que destaca e projeta ainda mais o ser. Mas estamos separados desse denso momento pela morte esguia, bela e terrível quando envolta no seu manto negro e drapeado como uma mortalha.

Tudo flui, nada permanece...

Por seu turno, no último quartel do século XX, J. Lewis Powel nos oferece a visão do seu pensamento sintonizado com a época atual. E as reflexões que faz sobre as mudanças da sociedade, como se verá, convergem de modo surpreendente com o que Heráclito pensava séculos antes desses dois mil anos de era cristã.

O pensador contemporâneo tece um interessante arrazoado sobre a caminhada da humanidade, tomando como ponto de referência o progresso do homem e de suas criações culturais. E como desdobramento, afirma que o ser racional – *homo sapiens* – habita nosso planeta há 50.000 anos, o que me parece um número aleatório e por demais pequeno, muito embora esse ponto não invalide em nada e pouco interfira no objetivo principal de suas observações.

Com a preocupação de buscar clareza melhor para o seu raciocínio, bem como facilitar o entendimento de sua proposta, o professor Powel reduziu esses 50 mil a um hipotético número de 50 anos, como é de uso nas escalas dos mapas.

E agora vem a parte que mais interessa ao intuito deste capítulo. Powel assegura, com razoável margem de coerência, que a saga do progresso humano termina cavando um verdadeiro fosso entre as ações conscientes do homem e a rotina cega dos outros animais que estão jungidos aos trilhos inflexíveis dos instintos. E propõe que, se a aventura humana em nossa velha Terra tivesse acontecido em apenas 50 anos, os fatos mais notáveis da longa trajetória teriam acontecido na cronologia que se segue.

Durante os primeiros dez anos o ser humano teve uma vida estática e sem realizações significativas, porque tão somente nasceu, procriou e morreu, deixando, com raras exceções, apenas vestígios biológicos de sua existência.

Há dez anos, começamos a abandonar a vida nas cavernas com sua embrionária e rarefeita organização social.

Há cinco anos, o homem consegue inventar um tipo de escrita e se torna uma criatura histórica, que já tem condições de registrar seus atos, reflexões e sonhos, suplantando de muito os ancestrais que estavam restritos aos interessantes, mas rudimentares, desenhos rupestres exibindo cenas de sua vida, que, ainda hoje, podem ser admiradas nas paredes de algumas cavernas, em muito bom estado de conservação, pelo que nos revelam do comportamento primitivo do ser humano, assim também por flagrar os encorajadores primórdios de significativo talento artístico.

Há dois anos, o Cristianismo entra em cena. Há 15 meses, inventamos a imprensa. Há 20 dias, descobrimos a eletricidade. Há 18 dias, concebemos o avião. Há dez dias, o rádio. Há quatro dias, a televisão. E ontem criamos um grande e verdadeiro impasse quanto ao futuro da vida, ao explodirmos o primeiro artefato nuclear.

O propósito do doutor Powel é demonstrar que o progresso humano, inexistente em grande parte do tempo em que o *homo sapiens* vive no planeta, em quase absoluta estática social, de acordo com o jargão da Física utilizado por Augusto Comte, quebra, enfim, a inércia e atinge uma dinâmica e vertiginosa velocidade que hoje parece superar o nível da própria ficção.

Na minha infância em Casa Branca, pouca coisa me fascinava como os episódios de *Flash Gordon* no planeta Marte e em outros corpos celestes. Os pais nem precisavam nos advertir coisa alguma, porque a meninada bem sabia que toda aquela parafernália dos filmes era mentirinha, coisas como uma pequena televisão acoplada ao telefone, por exemplo, que me extasiava. Pudera! Os poucos aparelhos telefônicos portavam trabalhosas manivelas, nossos rádios funcionavam com válvulas e a televisão estava ainda somente no planeta Marte...

Passaram-se vários anos, mas bem menos que um século! E numa madrugada de 1970, já agora no Rio de Janeiro, acordei meus filhos, todos muito pequenos. Queria que, de alguma maneira, testemunhassem. Até hoje não sei se eles entenderam muito bem, mas todos nós assistimos pela televisão ao emocionante momento em que o primeiro ser humano pisou o estranho, fofo e poeirento solo da lua. Era um americano, mas não se chamava *Flash Gordon*...

Torna-se inevitável, porém, destacar, atentando para esses extraordinários fatos históricos e mesmo com base nos episódios miúdos de nossa rotina cotidiana, que não existem quaisquer salvaguardas ou sequer uma garantia de que o avanço científico ou o que se rotula como progresso deva desenvolver, de igual modo, uma correspondente face ética. Pelo contrário.

Mas agora a pergunta que traz à baila o tema deste capítulo parece se impor sem mais tardança. Leia e reflita:

> *É possível assumir posições inflexíveis, inquestionáveis e dogmáticas, quando tudo se encontra em contínua mudança, no mundo que derrapa sob os nossos pés, tão estonteante e até absurda é a velocidade dessas transformações?*

Martinho Lutero, ao rejeitar a tendência para o ceticismo em Erasmo de

Rotterdan e nos humanistas do Renascimento, fez uma crítica radical, utilizando a forma de grave indagação:

Haverá algo mais miserável do que a incerteza?

Como homem de fé, não apenas compreendo essa posição, como compartilho da convicção inabalável que a mesma fé pode gerar no humano coração. Mas preciso igualmente assegurar-lhe que me assustam as pessoas que são movidas por certezas absolutas e indiscutíveis. Porque terminam com muita facilidade agredindo as certezas dos outros ou então desprezam e perseguem os divergentes, estigmatizando-os com a duvidosa e infamante pecha de que são hereges.

A verdade é que me sinto sempre tentado a parodiar Lutero:

Haverá algo mais miserável do que um homem sem dúvidas? Alguém que se sinta como o privilegiado dono da verdade?

São homens desse tipo que ousam sufocar dúvidas honestas e o pluralismo que não se esgota em nenhum modelo único consagrado. A dúvida cumpre importante papel em nossa vida, quando evita que nos tornemos como alguns velhos rabugentos e fechados em opiniões obsoletas, o que já é em si um tipo de alienação.

E, sobretudo, não deixa que nos façamos dogmáticos.

Entendo que, mais do que nunca, precisamos de sensibilidade e autocrítica para avaliar posições, conceitos, instituições, todas as coisas, enfim, como sendo sempre provisórias e impermanentes. Afinal, Darwin evidencia que a evolução está entranhada em nós – ou somos nós que nos embarafustamos como uma toupeira para dentro dela? –, enquanto Einstein concebe, dentro de sua avançada reflexão física, um Universo finito, muito embora em contínuos espasmos de expansão.

Ainda que, na esfera da fé, alimentemos a crença em um Deus fora da perene vertigem de alterações, a consciência da mobilidade que nos toma e a tudo que sabemos nessa voragem contínua deve ser uma espécie de dique que veda, com humildade e bom senso, a louca tendência que nos empurra para o dogma. Mas quero repetir o que já expus neste pequeno ensaio, porque entendo que o próprio Deus participa dessa incrível aventura de incessante mudança como aquele Ser que não apenas é, mas que também, para sempre, está sendo. Somente no sentido de seu propósito de amor, é possível entender o registro bíblico a ele atribuído:

Eu não mudo.

Utilizando uma interpretação facilitadora, é possível aceitar que a mesma frase acima comporte também esta outra forma:

> *Eu não sou marcado pela inconstância nem pela volubilidade humana, salvo quando captado pelos espelhos deformadores que o homem forja. Até quando?*

A melhor síntese – que Hegel vê como a véspera de uma nova tese e o reinício sem fim da fantástica dialética – se desatualiza no momento seguinte, lembrando a cada movimento da História humana que o dogma tem todos os inconvenientes dos coágulos, uma vez que, ao bloquear pelo arbítrio a corrente saudável do pensamento vital, luta inutilmente por tornar absoluta a compreensão sempre limitada de um determinado momento da humana travessia.

O ser humano busca se apoiar em estruturas provisórias que o libertem da angustiante sensação de que lhe falta o solo porque se encontra mal equilibrado e inseguro, o corpo estranho a si mesmo, a bailar abandonado, sem peso e direção, no espaço sideral. Mas nada disso significa a obrigação de optar equivocadamente, agarrando-se ao dogma que lembra um pedaço de madeira podre capaz de esfarelar-se na marca do próximo segundo, muito embora também não implique proscrever, de modo leviano, as velhas tradições que constituem uma espécie de coluna vertebral e são capazes de proporcionar senso de localização e equilíbrio à nossa vida consciente.

Paul Lofler, ao apresentar a Teologia como processo, faz instigantes observações sobre o necessário equilíbrio entre engajamento e reflexão, assim como entre passado e presente. E lança-nos sua advertência:

> *Creio que existe para o homem moderno o perigo de uma outra forma de desumanização, o da alienação em face dos que viveram em outras épocas, e a consequente eliminação do seu ser histórico, através do sentimento de descontinuidade radical.*

A tradição tem um grande valor. Como esquecer que a bíblia é tradição? Nada errado em cultivar a memória do passado, se é verdade que queremos melhor entender nosso presente e construir o futuro calcado também na experiência dos que viveram antes de nós. Como desprezar todo esse acervo? Apenas porque vemos hoje um pouco mais? O povo observa com sabedoria os petulantes:

> *Até um anão enxerga mais longe quando está nos ombros de um gigante...*

Nada errado no fato de termos um museu, pelo contrário; o perigo é parar por aí, e terminarmos por nos sujeitar ao reducionismo que nos leve a nos comportar como a múmia exibida, imóvel e acabada, na vitrina de um museu restrito a coisas findas, apreciadas pelo que significaram na dinâmica da História, ou como um urso feroz empalhado.

É bom relembrar que Jesus assume uma posição crítica em relação ao passado:

Vocês ouviram o que foi dito aos antigos, mas eu lhes digo...

E ele também se apresenta como alguém que, de alguma forma, será superarado pelos que vierem depois:

As coisas que eu faço, os que crerem no meu nome também farão, e ainda realizarão feitos maiores...

Aqui está a dinâmica do conhecimento e da *práxis*, num processo de realização crescente. Mas apenas quem desenvolve a disponibilidade para aceitar a morte do que já foi ultrapassado torna-se capaz de arriscar o passo seguinte. É preciso então morrer para marginalizar eternamente a morte e entender o paradoxo da pergunta atrevida e desafiadora do profeta Oséias que o apóstolo Paulo repete com a mesma coragem, em uma de suas cartas:

Onde está, ó morte, a tua vitória?

Hermann Hesse dá o próximo passo conseqüente:

Pois, a morte é nascimento, é angústia e medo ante uma renovação aterradora.

Tudo parece convergir para o entendimento de que o dinamismo da vida se encontra no ato de saber morrer cada dia para o que já foi obtido e superado. Nas palavras de Jesus conseguimos vislumbrar o paradoxo que o mestre utiliza em seus principais pronunciamentos, como o Sermão da Montanha e, especificamente, as bem-aventuranças:

Quem quiser preservar a sua vida, irá perdê-la; mas quem a perder, de fato, a achará... Se o grão de trigo cair na terra e não morrer, fica só, mas se morrer, dá muito fruto.

Um popular ditado mexicano afirma, categórico:

Se há morte, então há esperança.

Sem nenhum ânimo de polemizar, entendo o dogma como um atentado contra a nossa vida espiritual e intelectual. Fernando Azevedo chega mesmo a assegurar:

> *A Ciência é relativa, e a concepção relativista das ciências nos obriga a manter-nos vigilantes contra proposições absolutas que costumam ditar os sentimentos e as visões unilaterais dos fenômenos. Para ser verdadeiro sábio, um físico, um químico, um sociólogo, é preciso ter a coragem de um verdadeiro revolucionário, isto é, como definiu Charles Richet, tratar pela dúvida metódica as teorias clássicas ou mais clássicas, tudo discutir, tudo aprofundar.*
>
> *E se a lembrança de que a história das ciências é uma história de erros nos deve levar a cultivar a dúvida como método, a verdadeira atitude científica deve manter-se tão afastada dos sentimentos, quanto das idéias feitas, em suas proposições absolutas, e tão distante da credulidade cega, que crê sem prova, quanto do ceticismo cego que não crê em prova alguma.*

Emile Dürkheim, que é considerado, no mesmo plano de Augusto Comte e Max Weber, um dos pais da Sociologia, afirma que a sociedade, como Comte também constatou, tem uma dimensão estática, em contínua tensão com seu impulso dinâmico responsável pelas contínuas mudanças sociais. A possibilidade de progresso existe na proporção em que a força da dinâmica vence a resistência e a inércia da inflexível estrutura da sociedade.

Mas, como já observei no corpo deste trabalho, quando se fala em progresso não é possível uma atitude romântica, como se fazia há alguns séculos. Porque há um lado maligno no progresso que se tornou evidente com a destruição ecológica, a ameaça à vida no planeta e à própria estrutura física da Terra.

O fim do mundo, literalmente, é possível em curto prazo!

A expectativa de Herbert Spencer, no século XIX, de que o progresso desejável seria o resultado da ação humana sobre a Natureza, deu no que deu. E até uma criança hoje não desconhece a gravidade de uma devastação ecológica sem precedentes.

A verdade lamentável é que o homem não cultivou o jardim em que veio à luz, e sim extravasou o seu espírito violento e devastador, tornando-se uma espécie de vampiro destruidor das fontes vitais e o maior predador ecológico do planeta. A começar pela exclusão do outro, que nos incomoda, mesmo na curta viagem dos elevadores.

Já notou como você se sente *agredido* no elevador pelos outros passageiros que invadem seu espaço vital? Já se deu conta de que é doloroso, ali, cumprimentar o vizinho? E de que é preferível imantar os olhos no mostrador dos andares ou voltar a cabeça para o chão, num movimento tolo de avestruz, a sustentar o olhar de quem está espremido ao seu lado? Já percebeu como é difícil sorrir?

Mas vamos retomar o fio da meada. O dogma é um dos maiores bloqueadores da benéfica evolução social e pessoal. Para focalizar o dogma religioso, é oportuno lembrar que o herege não recebia tão-somente penas e castigos morais, vez que a chamada Santa Inquisição era também especializada em pirotecnia que se expressava na catastrófica Teologia das Fogueiras e no cheiro de carne humana queimada empestando o ar, como sinal de combate ao diabo e ameaça a quem assistia ao execrável espetáculo...

É por isso que admiro tanto as ambigüidades na obra de Luigi Pirandello, em especial as sutilezas da verdade que ele nos passa em sua peça teatral *Cosi é si vi pare, É assim se lhe parece*. O ser humano maduro e sensível sabe que a verdade tem mais de uma face, assim como um fato concreto que comporta muitas versões ou interpretações. Porque o fato pode ser objetivo, mas a percepção de cada um está carregada de subjetividade.

E então o mesmo fato faz pipocar versões diferentes.

Acredito honestamente em posturas e tomadas de posição, desde que não se perca a consciência de que as humanas concepções são sempre provisórias.

Deus é nossa referência em todos os momentos, mas como vamos libertá-lo igualmente de nossas interpretações equivocadas? Como colocá-lo fora do espelho humano que deforma e adultera por inevitável contingência, mas é certo que também por má-fé?

Assim, não vale a pena morrer ou derramar sangue por causa de Credos, dogmas, Confissões de fé, sofisticações teológicas, enfim todo esse acervo sem idade que, com freqüência, se torna um verdadeiro lixo religioso, facilitando as maquinações contra a liberdade e para o tormento do ser humano, em nome de um poder tirânico e inquestionável.

Muito mais importante do que essas excrescências são as palavras de Jesus embriagadas de vida e de amor. O absoluto despojamento de Buda, tão semelhante ao do Cristo. A alma pacificada e pacificadora do Mahatma Gandhi. A pureza imensa de São Francisco de Assis e sua integração absoluta em Deus e na Natureza, que lhe era fraternal: irmão sol, irmã lua... e até irmã morte! A visão abrangente e ecumênica de João XXIII. O sonho de Martin Luther King Jr.

Que relação esses e outros focos de luz poderiam ter com os erros das Cruzadas, a estupidez dos dogmas, a exploração religiosa e os crimes da Inquisição?

Espero que meu leitor concorde comigo quando fecho este capítulo com a certeza de que o único dogma aceitável como legítimo é aquele que proíbe dogmatizar.

Ou não?

12

ENGAJAMENTO

Não nos ensinaram que a voz do povo é a voz de Deus? Então é preciso levar a sério o que o povo diz, também no momento em que vamos tratar de engajamento. Ouça o povo: preso por ter cão, preso por não ter... Começo o capítulo justo por aí.

Preso por ter cão, preso por não ter... É deste modo pitoresco e bem-humorado que a sabedoria popular nos mostra a dificuldade de equacionar e resolver os dilemas que surgem no transcorrer de nossa vida. Muitas vezes pude observar o ajuste perfeito do velho brocardo a quem se encontrava às voltas com o complicado impasse provocado, de modo específico, pelas inevitáveis implicações do engajamento.

Como é possível não se engajar, quando sabemos que a falta de um compromisso sério com a vida nos mistura, como elementar conseqüência, à massa gelatinosa dos alienados?

Paul Tillich nos mostra a imperiosa necessidade de *ser*, apesar da ameaça constante do *não-ser*. É vital que tenhamos, em nossa caminhada, *a coragem de ser*, apesar da ansiedade que sentimos, face ao destino e à morte, à culpa e à condenação, e, em especial, à ausência de significado e ao incômodo vazio da alma.

Foi por isso que alertei, no início deste livro, contra um tipo perigoso de Teologia que evoque a sabedoria do Oriente em sua tendência de não levar na devida conta o homem concreto e encarnado que, ao cruzar conosco, na experiência cotidiana, nos transmite, pelo olhar desprotegido, a mesma emoção de terror passada por um cão que acabou de ser escorraçado. Atormenta ainda a alma desse homem a carência gritante de um mísero átimo de solidariedade e toda a compaixão que puder receber desse mundo de tamanha indiferença, em face da dor e do sofrimento.

Não estou lhe falando a respeito de um homem que, na verdade, não é ninguém, porque pode ser todos ou qualquer um. Não é o ser humano visto como um gênero, um conceito, assim como se eu dissesse: o *homem* é um ser social. Mas a minha preocupação se refere ao homem específico, à pessoa concreta, com rosto, sorrisos, lágrimas e suas inconfundíveis impressões digitais. Um homem com nome, filiação, seus cheiros, buscas e decepções, alegrias e esperança. Um ser único e insubstituível.

Faz toda a diferença a mesma palavra quando utilizada em contextos diferentes. A Teologia pode até tecer referências genéricas ao ser humano, mas sem ignorar que Deus se relaciona com pessoas específicas. E nós também não interagimos com meros conceitos, e sim com seres concretos.

Albert Camus pondera, com tom intimista e confidencial, o que considero uma séria advertência:

> *Chegar a Deus porque nos desenraizamos da terra e porque a dor nos separou do mundo, tudo isso é vão. O que lhe agrada é a nossa alegria.*

Mas, por outro lado, todas as formas de engajamento envolvem um perigo que a tantos derruba. Porque, com muita facilidade, as mudanças que acontecem num ritmo alucinante desfiguram nossas escolhas. É ainda bem mais grave quando as instituições que canalizam essas mesmas escolhas perdem toda a sua vitalidade e se esclerosam sem que nada possa mais ser feito. Não é então sensato continuar em uma instituição que nos bitola, asfixia e mata. Ou lutamos por sua renovação ou renunciamos de vez ao engajamento que carreia consigo, não somente o apelo que nos alcança e seduz, mas também nos acena com esse tipo de ameaça.

E o dilema surge como um desafio que o povo analisa e expressa à sua maneira e ao sabor de um provérbio, em que graça e sabedoria caminham de braços dados:

> *Preso por ter cão, preso por não ter.*

Há momentos históricos, como a crise que acometeu os universitários franceses, na década de 60 do século passado, em que o melhor engajamento passa a ser o ato de não se engajar, de imediato, em nada que já seja conhecido como uma escolha falaciosa ou que deixou de ser promissora, por envelhecimento. E aceitar tão somente o compromisso inteligente e único com a esperança, sabendo ou intuindo que a opção oportuna pode e vai aparecer, como fruto do dinâmico xadrez da História, na próxima etapa de sua luta obstinada.

Mas, apesar de todos os possíveis perigos e ameaças, o engajamento termina se impondo como a única alternativa cabível contra a perda total de sentido para viver. É por isso que faço minha escolha fundamental, seguindo os impulsos ajuizados da mente, e em especial auscultando com todo cuidado as importantes razões da alma. E com plena consciência declaro, como se estivesse diante de um tribunal sob grave juramento, que sou cristão.

Não discuto se minha opção está condicionada pelo contexto cultural e religioso do Ocidente, mesmo porque isto me parece de nenhuma importância. Poderia, dentro de outras circunstâncias, tomar atalho diferente ou mesmo seguir um caminho diverso. Julgo que o fato relevante, no meu caso, é sorver com responsabilidade todos os meus momentos, alerta a cada *kairós* que pontua minha vida.

Sou cristão, embora com o propósito de assumir para com a Cristandade uma posição crítica, vez que percebo com preocupação um acentuado processo de decadência e mesmo de caducidade em algumas de suas estruturas tradicionais.

Sou cristão, e nessa condição pleiteio para a bíblia um cânon aberto. O cânon fechado, seja da bíblia ou de outro livro sagrado de qualquer corrente religiosa, atenta contra a vida e a flexibilidade dos diferentes modelos teológicos, assim como em nada contribui para o crescimento e emancipação do ser humano. Mesmo com respeito e até reverência pelos modelos ancestrais, não posso deixar abafada a interpelação que se impõe:

Por que colocar um ponto final prematuro na reflexão necessária do homem ou à chamada revelação?

Sou um cristão cansado das posições escudadas nas descobertas de certos homens especiais, pois entendo que esses mesmos homens sabiam de suas limitações e que as buscas e encontros de alguém também não se transmitem nem podem ser apropriados por mais ninguém, de forma absoluta.

Assim, a importância do mestre é sempre relativa. A rigor, somos os nossos próprios mestres, como Hermann Hesse discute de modo magnífico, em seu livro *Sidartha*. Uma lição importante pode surgir de modo extemporâneo de fontes diversas, mas o jovem Sidartha da bonita e importante história de Hesse rejeita até o próprio Buda como o mestre de sua vida.

Sou um cristão que deseja trabalhar para a revitalização da Igreja, que parece exaurida, em suas múltiplas faces, como se esta instituição mais atravancasse hoje a boa nova em vez de viver o Evangelho dinâmico que se confunde, em última análise, com a própria vida de Jesus.

Sou um cristão que se alegra com a abertura ecumênica, a fé com um rosto secularizado, a preocupação com a justiça social e, sobretudo, tenho a agenda ajustada às urgentes solicitações da Cidade e do meu tempo.

É preciso reconhecer que a Igreja, em sua dimensão institucional, vive uma percuciente crise. Preservá-la, fechando os olhos para a realidade, é o mesmo que fertilizar uma planta estorricada, sem folhas, sem raízes, sem vida. Seria, talvez, melhor tornar-se de vez um patético e ensandecido jardineiro de flores artificiais.

Mas a Igreja vai certamente emergir dos escombros para resgatar o seu primitivo papel. É muito fácil concluir que haverá revisão do lugar que lhe compete, a começar pelo tipo tradicional de arquitetura suntuosa de suas basílicas, que ambicionavam suplantar as sedes dos reinos, como a palavra *basílica* denuncia – o que foi uma pretensão importante na infância da Cristandade e sem significado maior quando o cristão começou a conquistar a sua maioridade. Compreensão semelhante deveria ser adotada quando a Igreja ainda insiste em tomar o Cristo despojado como um servo voluntário e apresentá-lo travestido com manto, cetro e coroa de rei.

Não pode faltar no projeto de uma Igreja pertinente a preconização de medidas práticas e até coativas contra as perigosas manifestações de egoísmo, a competição indiscriminada, a violência urbana e, especialmente, a insensível administração da economia, a injustiça social, os abusos inerentes ao direito de propriedade particular e, sobretudo, os crimes ecológicos que ameaçam a Terra.

Ouço isto desde que nasci, mas o presente momento demanda que se resgate e cumpra com urgência uma desacreditada palavra de ordem:

Práxis, já!

Deve a Igreja também combater as manifestações coletivistas, que são as maiores inimigas da verdadeira comunidade e, assim, desumanas. É necessário que rejeite, enfim, tudo que faz de sua mensagem um reflexo servil da Cultura circundante, levando-a à derrocada. E que reflita sobre um fato que parece ser o limite da importância enfatuada que ela mesma se atribui:

> *É interessante observar que não se menciona, em nenhum momento, a existência de templos no mito do paraíso, registrado no Gênesis nem na consumação da História, que se encontra no livro do Apocalipse.*
>
> *Eu repito. Não deixa de ser sintomático o fato de que, na inauguração de todas as coisas ou quando se fecha a cortina da História, nada se diga na bíblia sobre um único templo. Ocorre-me que as experiências que temos da Igreja e os seus templos não tinham razão de ser no início de tudo, assim como deixarão de fazer qualquer falta na utopia do novo Céu e da nova Terra...*

Quanto às celebrações eclesiais, um bom ponto de partida já foi dado com o estudo de Harvey Cox no livro *A Festa dos Foliões*: a liturgia alegre, o culto afirmativo. Tradição e missão, na ótica e perspectiva da esperança.

Jesus promete que *as portas do inferno não prevalecerão contra a Igreja*. Em outras palavras, o mal não tem condições de deter a missão dinâmica da Igreja. Infelizmente, a inércia se tornou a sua triste realidade, e os *portais do inferno* permaneceram até hoje firmes e intocados. Como se zombassem da ação de um grupo decadente, que sempre há de lembrar o exército de Brancaleone.

Sou cristão e, pela esperança, acredito que a velha Sara ainda procriará. E que do escombro, que é fruto de nossa preguiça e alienação, surgirá o jorro de vida que o Inferno não pode emparedar, como no relato do profético vale de ossos secos que se destaca, pela força de seu alcance, não somente nos vaticínios de Ezequiel que o proferiu, mas em todas as profecias bíblicas no seu conjunto.

E devemos cuidar que essa Igreja renascida seja para sempre um meio e nunca mais um fim em si mesma. Ebulição constante de vida que mostre caminhos ao homem, esse predestinado à alegria e ao exercício do amor. É isto. Nossa esperança nos leva a sonhar e a agir até como inconseqüentes, porque nos convencemos de que não é ridículo ser ingênuo, como São Francisco de Assis, ou sonhar, como D. Quixote. E eu bem gostaria que Karl Marx não morresse sem descobrir que, ao contrário do que ele imaginava, poderia também ser positivo relacionar a fantasia do ópio à Religião. Assim como não deixou igualmente de ser bom que ele tivesse o atrevimento de apostar na Revolução socialista como aquele caminho que fizesse a Terra mais fraternal. Note que uma simples pitada de sonho é capaz de combinar realidades tão diferentes como água e óleo e empurrar o mundo para frente...

Albert Schweitzer, apesar de expressivo teólogo e filósofo, prêmio Nobel, um dos maiores intérpretes de Bach e médico, abandona os holofotes da Europa e se interna em Lambarene, na África, para dirigir um hospital que cuidava de nativos leprosos. Ele era a prova viva de que ainda existia idealismo, mas em seu livro *Memórias da Infância e Mocidade* encontramos um registro amargo como este:

> *Nós acreditávamos na vitória da verdade, mas agora não mais. Acreditávamos no companheirismo, mas agora não mais. Acreditávamos na bondade, mas agora não mais. Éramos zelosos pela justiça, mas agora não mais. Acreditávamos na possibilidade de paz, mas agora não mais...*

Mas ele em tempo voltou a sonhar.

Uma certa ansiedade me arranha, enquanto espero os sinais de vida e as necessárias correções de rumo e de percurso por parte da Igreja. E isto desperta também em mim um tipo de curiosidade sobre como seria ela se os hereges tivessem saído vitoriosos, nos acirrados embates históricos travados nos diferentes Concílios e através de guerras intermináveis, que impunham os dogmas dos vencedores a ferro e fogo.

Literalmente.

Bem no íntimo eu sei que, se os hereges fossem os vencedores, o mundo conheceria, talvez, outro modelo de ortodoxia, mas com seus dogmas igualmente petrificados.

Não posso negar, porém, que tenho grande e acentuada simpatia por essas pessoas que, como a palavra *herege* indica, faziam escolhas e morriam pelo que acreditavam, homens sem glórias nem poder. É preciso, no entanto, não omitir que muitos ortodoxos se entregavam igualmente de corpo e alma à Causa que abraçavam.

É bem possível que os ortodoxos e hereges engalfinhados nesses debates e combates mortais estivessem no mesmo plano espiritual, sem os desníveis e diferenças que sempre julguei existir. Ou quis, na verdade, que existissem.

Do modo que seja, a verdade é que Ário me empolga mais do que Atanásio. Admiro as incontidas buscas do médico Serveto, que aparece de corpo inteiro no livro de Stefan Zweig, e não tenho afinidade pela vida *cinza* de Calvino e por sua atuação austera, senão sisuda, na cidade de Genebra, com atitudes e gestos que me parecem marcados por um tom menor.

É impossível deixar de sofrer com o que a Inquisição fez de Giordano Bruno e ameaçou fazer também com o sábio Galileu Galilei.

E como não me entusiasmar com Teilhard de Chardin, que influenciou tanto a mudança da mentalidade conservadora da Igreja, enfrentou o peso de certas estruturas e inovou, apesar da pesada disciplina que tentou manietá-lo? Para fazer a *boa intriga*, como costumava dizer o meu amigo jurista Nehemias Gueiros, chegou a circular na esfera teológica que, embora veladamente, o pensamento de Chardin foi atuante no Concílio Vaticano II, inspirado no sonho maior do papa João XXIII.

Quem sabe se, no fundo, minha paixão é voltada para o homem em estado de rebeldia pura, quando nada mais tem a perder e põe à tona sua reserva de dignidade, verdade, ousadia e o que de melhor ainda existe nele, como sabemos que não deixa de pulsar também em nós?

Devem ter mérito reduzido o modo e nomes destinados aos que fazem a História, se de fato possuem mesmo algum valor. De qualquer forma, não posso me esquecer de que heresia não é antônimo de verdade, e sim significa o oposto de ortodoxia. E a vida documenta que os hereges muitas vezes estiveram mais sintonizados com a verdade que liberta do que os sinistros vultos defensores e justiceiros da ortodoxia.

Há na Europa dois monumentos que me trazem um certo afago à alma, como se fossem algo parecido aos prêmios de consolação, mas acentuam também uma tristeza imensa que não consigo exumar de meu cemitério interior.

O primeiro é a estátua de Giordano Bruno levantada em Roma justo no lugar onde esse homem excepcional foi queimado pela Inquisição.

Seu único crime: ele pensava!

O segundo monumento se encontra em Genebra. Os dizeres falam por si mesmos:

> *Filhos respeitosos e reconhecidos de Calvino, nosso grande reformador, mas condenando um erro que foi o erro de uma época, e firmemente apegados à liberdade de consciência, segundo os verdadeiros princípios da Reforma e do Evangelho, nós erigimos este monumento expiatório em 27 de outubro de 1903.*

As palavras acima são um pedido formal de desculpas. Mais ainda, uma retratação histórica feita com um austero monumento, como convém aos calvinistas, diante da atitude do reformador que terminou por levar à morte Miguel Serveto, queimado pela Inquisição por intriga de Calvino em 27 de outubro de 1553, trezentos e cinqüenta anos antes.

Seu único crime: pensar com liberdade.

Serveto foi um médico e brilhante pensador, que ousou escrever um livro contra o papa e Calvino. O reformador o ameaçou de morte se voltasse a Genebra, mas denunciou o adversário à Inquisição, no ato mais desastrado de sua vida.

Afinal, o que deu em você, João Calvino?

Foi ingenuidade de Serveto tentar se esconder dos inquisidores de Roma logo em Genebra, ao alcance da mão pesada de Calvino. E este erro precipitou o precoce fim do livre pensador.

Jesus aceita com amor qualquer que dele se aproxime, mas o próprio Cristo não deixou de comentar, com um travo de amargura e melancolia, que é insuficiente comportar-se aos olhos de Deus exibindo zelo com violência, estudada ostentação e as ações hipócritas ou intolerantes de um ortodoxo piedoso:

> *Nem todo o que me diz Senhor, Senhor entrará no reino dos Céus, mas o que faz a vontade do Pai que está nos Céus...*

13

UNIDADE NA BUSCA DE DEUS

A vida não basta ser vivida, é preciso ser sonhada. Foi assim que me ensinou um santo chamado Mário Quintana. A lição também vale quando a unidade nos faz falta...

Quem não carrega como o melhor de si, pelo menos, um pedaço da profunda emoção do pastor negro Martin Luther King Jr.? Embrenhado na luta pacífica pela igualdade de direitos, sem discriminações, entre negros e brancos, Luther King declarou num dia crucial de seu *bom combate* e no mais importante de todos os discursos que fizera em sua vida:

Eu tenho um sonho!

E o doutor King então se deteve em sua visão utópica de um mundo sem desníveis injustos: nem vales nem montes.

Sempre houve também alguns obstinados que ousaram sonhar com a unidade de todos os religiosos. Mas, ainda assim, o século XX terminou, junto com o segundo milênio da era cristã, mostrando que, ao contrário de Luther King, que conseguiu grandes avanços na solução do problema racial americano, embora tendo sacrificado nessa missão a sua própria vida, o movimento religioso pouco logrou em sua luta pela unidade, mesmo com o holocausto de vidas preciosas que trouxeram alma a essa Causa, como os sonhadores do Conselho Mundial de Igrejas e a bela utopia do papa João XXIII.

Do modo como se esfacelaram muitos Estados do leste europeu que eram formados por diferentes etnias, arrastando consigo velhas bandeiras já obsoletas, da mesma forma e cada vez mais as diferentes religiões reforçaram, com desregrado ativismo, suas fronteiras sectárias, elegeram dogmas provocativos da razão e do bom senso, proclamando sem nenhum pudor, todas elas, a insustentável posse de uma *revelação especial*.

E quando se cogita a unidade dos religiosos, a porta estreita que cada expressão de fé apresenta é a da conversão incondicional. Vale dizer, a adesão absoluta, sem tergiversação. Como fazia o Imperador Constantino ao batizar os povos que vencia, assim como também forçava a *conversão* em massa, sob coação, violência e ameaças, dos judeus ao Cristianismo. E dessa forma, através de boa parte dos mil anos da Idade Média e mesmo depois de inaugurado o Período Moderno, a alternativa desses humilhados e ofendidos pelos ferozes apologistas da fé cristã se resumia em sucumbir nas odientas e absurdas fogueiras inspiradas pelo Tribunal da chamada Santa Inquisição.

Deve ser esta a razão principal porque, até hoje, os exercícios mais generosos do pensamento teológico não conseguem gerar um movimento genuinamente ecumênico. Tudo o que nasce com o ideal de absoluta elasticidade e abrangência faz-se, no momento seguinte, pouco mais do que uma nova seita, com inevitável eixo dogmático.

Um profundo desgosto.

Gostaria de poder olhar nos seus olhos, amigo leitor, para lhe dizer que não consigo abandonar meu velho sonho ou essa renitente paixão que o ecumenismo me inspira. Não posso, na verdade, deixar de crer com infinita paixão no ecumenismo sem fronteiras. Uma unidade sem exigências, sem cartilhas reducionistas, sem as estruturas de uma superorganização perfeitamente dispensável. Anelo tão-somente pela convergência ecumênica empenhando-me para conquistar o espaço necessário às diferentes tradições e com o firme compromisso de suspender julgamentos tendenciosos e aposentar as absurdas pretensões de cada corrente que até aqui impediram a execução do projeto que tantos dizem desejar.

E posso exemplificar:

Algo que seja parecido com um tipo de esperanto que não pretenda substituir todas as outras línguas.

Já vivi o bastante para não me entusiasmar com o ecumenismo de sociabilidade ou essa tentativa de aparentar unidade somente para resistir e suplantar os que se confessam honestamente ateus. Não me agrada também o ecumenismo acadêmico de eventuais encontros de teólogos. Sinto, em especial, verdadeira melancolia quando vejo que o âmbito do mais amplo ecumenismo propalado se restringe, sem qualquer plasticidade espiritual, apenas à *família* cristã. Como se o Cristianismo não fosse, ele mesmo, o caminho preferencial de Jesus, que nunca esboçou qualquer gesto para bloquear todos os demais. Chega mesmo a instruir com serenidade a *igrejinha* peregrina que o seguia:

Tenho ainda outras ovelhas que não são deste aprisco.

Ouso agora ser atrevido e afirmo, sem baixar o volume de minha voz, que o ecumenismo é um sonho impossível, apenas porque não conseguimos nos despojar de todo o orgulho pretensioso e assumi-lo, pelo amor, como uma realidade viva, pulsante, desejável.

E, sobretudo, possível.

O salto qualitativo que vai *do anátema ao diálogo*, como entendeu Roger Garaudy, pode e deve ser dado. Mas se tal ecumenismo é mesmo impossível, como os derrotistas propalam, então, o sectarismo religioso é o que de mais injusto e detestável o ser humano conseguiu inventar. Porque fala de amor, mas difunde o ódio que transpira por todos os poros. Elege a incoerência para reverenciá-la depois nos altares inconseqüentes. E eternizá-la em catecismos fratricidas.

Mas, veja bem. Ocorre-me, ao escrever este capítulo, que os europeus deixaram o velho mundo ainda não completamente explorado, para chegar às Américas. De igual maneira como temos, hoje, tantas coisas para resolver aqui em nossa velha Terra, e já nos dispomos a beijar as estrelas e a despachar eficientes e precisas sondas de reconhecimento para diferentes corpos celestes desse misterioso e fascinante Universo que integra a nossa identidade mais generosa.

Assim também, se é verdade que o ecumenismo está engatinhando timidamente e vive a tropeçar dentro das limitadas experiências cristãs, por que não dar um salto arrojado e pensar no ecumenismo que alcance todas as expressões religiosas e, mesmo, as pessoas de boa vontade que não têm nenhuma forma catalogada de fé, o que não é nenhum defeito? Por que não aceitar *todos* os diferentes?

Não é com os seus mais persistentes movimentos de arranque e recuo, de puxão e distensão, com o típico gestual de quem convoca e depois despede, não é assim que as crianças empinam e carnavalizam o céu com as mais vistosas cores de suas belas pipas delicadas e famintas de espaço livre onde possam voar?

Quando vejo tantas discussões teológicas sobre questões doutrinárias e litúrgicas dentro dos grupos cristãos, não posso deixar de evocar os debates medievais para descobrir o sexo dos anjos ou saber o que aconteceria ao rato que roesse uma hóstia... Penso, então, que um vôo mais arrojado poderia nos ajudar na superação desses miúdos acidentes e a voltar a nossa vista na direção do que é realmente essencial.

É isso. Um ecumenismo amplo, geral e irrestrito. Sei que muitos se espantarão com o que vou dizer agora, mas proponho, ainda assim, que chamemos esse sonho contumaz ou loucura maior de *sincretismo*. Mas é bom entender o sincretismo da forma como conceitua o *Oxford Dictionary*:

A tentativa de união ou reconciliação de doutrinas e práticas, diversas ou opostas, especialmente em filosofia e religião.

Por que não *sonhar mais um sonho impossível*? Por que não lutar, com todos os recursos do *bom combate*, para concretizá-lo? Por que não? Intuo que deva haver um *ethos* comum, um sistema de valores e princípios espirituais e morais que sejam aceitos universalmente. E concordo com A. Oepke:

O sincretismo verdadeiro baseia-se sempre no pressuposto de que todas as religiões positivas não passam de reflexos da Religião universal original, portanto, diferem entre si apenas de forma gradativa.

Há uma página do teólogo protestante Visser't Hooft que merece ser refletida com a mais profunda seriedade.

Escreve o estudioso protestante:

A força do sincretismo tem sido sempre a sua plausibilidade. Este caráter, de aparência evidente por si mesmo, assumiu grande destaque devido à natureza da civilização moderna. Vivemos em uma época quando o acesso ilimitado às realizações culturais da humanidade não é mais privilégio de alguns poucos escolhidos. No ramo da literatura e da arte nossas mentes viajam por todos os períodos da História e por todas as regiões do mundo.

Assim o homem moderno, seja estudioso ou leitor de edições populares, desenvolveu um gosto universal. Pode amar Mozart e Bach, a despeito de suas diferenças. Reserva um lugar em sua vida para Shakespeare e outro para Dostoievski. Recebe inspiração de El Greco e de Rembrandt. Mais do que isso, pode muito bem cultivar interesses na arte etrusca, japonesa ou persa. Ou pode voltar-se para os escritos dos filósofos chineses ou hindus. Tudo isso contribui para a sua concepção do mundo.

Por que não agiria em relação à Religião do mesmo modo e por que não escutaria, com igual curiosidade e respeito, as muitas e variadas vozes dos místicos, profetas e mestres religiosos de todas as crenças? E por que não construiria um depósito religioso no qual as contribuições de todas as fontes fossem bem recebidas, sem distinção, e onde as pudesse utilizar para criar uma fé religiosa ampla?

O caso foi equacionado, de maneira altamente persuasiva, pelo cientista de Oxford, doutor Joseph Needham. Num sermão pregado em Oxford e publicado por Theology com o significativo título O Cristianismo e as Culturas Asiáticas *faz decidida apologia da compreensão mútua entre as grandes civilizações, com base no reconhecimento de que a humanidade toda é um só corpo e um só espírito, sob um Deus e Pai supremo.*

Isso significa, para os cristãos, o reexame de toda a sua posição em relação às demais civilizações e religiões do mundo. É necessária uma nova humanidade em face das outras religiões. Precisamos reconhecer o trabalho do Espírito Santo através dos tempos e em todas as culturas.

A recusa em fazer isso resulta arrogância e perversidade espiritual, que são os piores aspectos da cultura ocidental. Na presença de tamanha espiritualidade, como encontramos nos grandes ensinamentos religiosos da Ásia, qualquer preocupação com os detalhes da ortodoxia cristã, em que por acaso tenhamos sido criados, assemelha-se ao ato de expulsar da nossa porta o hóspede divino.

O sermão termina com um belo hino Sufi, que diz em parte:
Ó Deus, em todos os templos
encontro os que te buscam,
em todas as línguas que existem
os povos te louvam.
Algumas vezes freqüento o claustro cristão
e outras, a mesquita,
mas é a ti que busco de templo em templo.

Agora, vem a parte pior. Visser't Hooft não aceita o sincretismo, uma vez que acredita no Cristianismo como fruto de uma *revelação exclusiva* concedida por Deus.

É o que também pensam os que se filiam a outras correntes religiosas. E esse, para mim, é o nó górdio, o ponto crucial da discórdia aparentemente insuperável. Todos se sentem os únicos donos da *revelação exclusiva*. Como, então, fazer concessões? Como caminhar a segunda milha?

Repete-se o erro do bitolado e vaidoso rei do bonito conto de Exupery, sentado num trono quase maior do que o seu minúsculo planeta, e a julgar que o Universo inteiro existiria para servi-lo. Quando o pequeno príncipe aporta nesse planetinha de nada, equilibrando-se para não escorregar e cair no espaço sideral, o único pensamento do ridículo rei só poderia mesmo ser:

Aí vem mais um súdito.

Quanto a mim, abro mão de minhas tradições ancestrais alegremente, para deixar o pensamento livre em sua busca do sonho, da utopia, da maior realização do ser humano. E lhe peço que reflita por uns poucos minutos sobre a próxima frase:

Todas as Culturas têm o seu ponto de toque no humano, enquanto as religiões encontram no Divino a sua curva de convergência. É assim que pode e deve acontecer.

Há diferenças entre as Culturas que são explicadas por motivações mais ou menos objetivas, mas nada disso anula o *humano* básico presente em todas elas. Afinal, a Cultura é a marca mais característica dos grupos humanos; apenas o homem acrescenta uma face cultural à sua herança biológica e genética, forjando assim uma segunda natureza, se não for mais correto afirmar que a complexidade de todos os traços caracteriza, em suma, a sua natureza de aparência híbrida, mas de fato singular.

Veja bem. O ser humano é o único que sofistica a vida, inventa perfumes, valores, símbolos, mitos e rituais. Sorri de uma anedota, corta as unhas e teme a morte. Presta homenagens, mente, usa o polegar, cria alavancas e levanta túmulos. Escreve poesias, utiliza no seu embelezamento uma infinidade de cosméticos, escova os dentes e faz uso do papel higiênico. Vive em permanente cio e mata em nome de ideologias, de dinheiro e porque é um predador fútil. Filosofa sobre a vida, altera o corpo com cirurgias plásticas e ambiciona a santidade. Canaliza as emoções em criações artísticas, modela os seus músculos em academias de ginástica, multiplica ou alavanca a sua força e poder com o auxílio da Ciência e de tecnologias. Dissimula e tece fantasias, promove guerras, planeja e executa genocídios, estupra e gera utopias.

Tem saudade de um paraíso, que ele intui haver perdido, e nostálgica fome de transcendência. Faz dietas e consome drogas. Tem médicos, advogados, hospitais e prisões. Recorre à tortura e ao uso da cadeira elétrica. Inventa os antibióticos e a bomba atômica. Fertiliza *in vitro* sua prole e preconiza o controle da natalidade. Concebe a existência de deuses e demônios. Enreda-se em burocracias, tem medo do escuro e de assombrações. Orgulha-se de suas medalhas, prostitui-se, edifica hotéis e restaurantes. Dá margem à gula, reza o terço, forja ídolos, cria turnos de trabalho e coloca, como referência última, a verdade revelada por seu Deus.

É capaz de conceber uma cerimônia de aparências como a troca de guarda no Palácio de Bukingham. E de transgredir, até mesmo o chamado *instinto* de conservação da espécie, em nome de valores culturais, porque se por um lado participa da antropofagia cultural, pode igualmente optar pela morte, se a alternativa o obriga a comer a carne de seus semelhantes, como aconteceu na tragédia aérea dos Andes, ainda tão viva na memória de todos nós.

Se as mais diversas manifestações culturais têm o seu ponto de convergência no homem, não faz, então, sentido também imaginar o *Divino* presente nas mais diferentes formas de manifestações religiosas? Diferentes sim, mas não separadas de modo estanque umas das outras e muito menos incompatíveis entre si. As diferenças, na verdade, criam possibilidade de necessária harmonia e são legítimas e desejáveis, até mesmo aquelas que representam as *impressões digitais* de nossa forma particular de ser e de acreditar.

No momento atual, quando o mundo parece transformado em uma *aldeia global*, um quadro percebido anos atrás por McLuhan diante dos fantásticos meios de transporte e de comunicação, o que nos impede de esperar que o pluralismo religioso tome consciência de que apenas a unidade entre os diferentes é capaz de proporcionar ao ser humano, de forma responsável e mais fiel, uma aproximação correta e adequada de desejada meta?

O terceiro milênio é importante referência para reconhecer que o sectarismo dos religiosos é a infeliz prova de imaturidade espiritual; essa infantilidade que tem gerado guerras religiosas e inquisições. Alguém chegou mesmo a dizer que, quando terminarem as guerras religiosas, terão acabado, enfim, todas as guerras. Mas tal observação já foi feita aqui mesmo, no corpo do presente livro, como fiz também com outras considerações.

E você, meu leitor, não escuta também mais de uma vez a música que o impressiona? Pois é. Eu também repito o que me parece importante repisar. É um dos mais freqüentes cacoetes dos professores.

Bastaria ouvir o que já foi afirmado por estudiosos como Gunkel, Bultmann, Bousset e Adolf Harnack sobre o bom senso que representa a unidade. O próprio Cristianismo que faz parte de nossa Civilização, desde a sua origem, exibe uma vertente sincrética. O Evangelho de João é mesmo a mais sublime representação de um certo sincretismo.

É verdade que o sincretismo chegou a um ponto já bem elaborado no Cristianismo do terceiro século, bem como também é um fato registrado historicamente que essa tendência à unidade jamais deixou de estar presente na Cristandade, desde o seu início.

Quando examinamos esse assunto com profundidade e sem preconceitos, temos de perceber que o mesmo processo aconteceu de igual forma na organização de todas as grandes religiões. São fantásticos os pontos de semelhança e identidade que percebemos entre elas, quando fazemos um simples estudo de religiões comparadas.

Basta tornar relativas as *formas* de expressão e descer até o *cerne* das religiões conhecidas, para percebermos a cumplicidade dos vasos comunicantes entre elas: a verdade central é o *Divino* presente, como seiva viva e o precioso combustível, impulsionando as buscas honestas que a humanidade empreende, sem recuos ou reversibilidade, no cumprimento da vontade manifesta de Deus.

Por que não aceitar, então, a esperança ecumênica de que a unidade de todas as religiões é difícil, mas não impossível? Por que rejeitar o sonho maior? Por que desprezar a utopia redentora, quando ela, como as demais, pode até mesmo ser superada através da História?

Sei que este modesto capítulo não tem condições nem a tola pretensão de esgotar um tão complexo tema, apenas esboçado para a sua consideração. Não me sobram dúvidas de que o sincretismo demanda um processo muito longo para que seja entendido no seu bom propósito e só então vivido de forma consciente. Mas é sempre um projeto que vale a pena. Aliás, como descobriu Fernando Pessoa:

Tudo vale a pena,
se a alma não é pequena.

O sincretismo só pode mesmo causar estranheza a quem confunde unidade com uniformidade. Porque tal possibilidade é, de fato, assustadora.

A uniformidade dos seres humanos me evoca um exército de clones, a massificação caricata, a peça teatral *O Rinoceronte*, de Ionesco, considerado, assim como Franz Kafka, cronista ou profeta do absurdo.

É essencial não perder de vista que, tão grave quanto o individualismo egoísta que isola os seres humanos, roubando a dimensão comunitária e distorcendo o equilibrado desenvolvimento do homem, é a perda mutiladora de nossa individualidade.

A uniformidade é uma adulteração que nada tem a ver com nosso sonho de unidade religiosa, e sim, ao contrário, nos mergulha no pesadelo que nem deveria estar sendo cogitado agora.

Tenho consciência de que a unidade religiosa tem todas as imensas dificuldades que foram aqui, pelo menos, mencionadas. E outras tantas, que sequer cogitamos nesse trabalho sem fôlego maior. Não desanimo, porém. Guardo comigo que é uma simples questão de tempo. E o tempo levará, mais cedo do que imaginam os pessimistas, à rendição incondicional de tudo quanto afronte a força que emana da esperança.

Quanto a mim, repito que, no cultivo diário da mesma paixão pela unidade religiosa, entre os diversos estudiosos do assunto, subscrevo com entusiasmo a declaração de Floid H. Ross, convencido pela sua sensibilidade de dizer bem e de forma despojada e simples o que todos são hoje chamados a viver:

O grande desafio desta hora não é o ecumenismo cristão, mas o
ecumenismo humano.

14

SECULARIZAÇÃO

Não dá para confundir o que se mostra tão simples. Pense comigo. Tudo é sagrado. Nada pode ser profano quando o único sacramento é a Vida. Ou não?

Um tipo conhecido de religioso visita o doente terminal e percebe quando o enfermo mergulha na agonia do fim.

Nervoso e agitado, o profissional da Religião pergunta ao moribundo se quer aceitar a Jesus como seu salvador pessoal ou deseja uma oração, coisas de sua rotina. A resposta é um gesto indicando que ele não pode falar, mas precisa escrever algo com urgência.

Logo surgem lápis e papel e o agonizante rabisca uma frase curta, antes de expirar.

O catequista, com atitudes que não demonstram sentimentos verdadeiros, se afasta dos médicos e de todos os procedimentos que povoam o quarto do hospital daquela parafernália capaz de provocar, talvez, a ressurreição. Está mais curioso com o que foi escrito no papelucho, até porque se trata de um recado só para ele.

Ali estava o papel rabiscado por uma letra irregular, quase ilegível. Apenas uma frase. As palavras mal desenhadas, sem rumo nem prumo, são lidas pelo religioso, que então fica lívido, porejando um suor frio que lhe empapa as mãos gordas e afunda seus olhos de rato assustado que parecem boiar nas órbitas sem luz e sem alma. Apenas uma frase. Mas é uma espécie de sentença condenatória para o pregador digerir durante o resto da vida fútil e não compromissada:

Seu pé está em cima do tubo de oxigênio.

Uma anedota mais para pensar do que sorrir...

A secularização da fé significa esse necessário arejamento, o oxigênio capaz de resgatar a vida e a esperança do homem de nossos dias, justo o que faltava ao ridículo clérigo que abre este capítulo, um equivocado mercador de emoções que não vive e do sonho que desconhece.

Porque a secularização possibilita à atividade religiosa um legítimo escape do processo negativo que a aprisiona num triste gueto alienado, através de verdadeiro *choque de realidade* provocado pelo confronto de sua linguagem dialetal e atitudes postiças e sem maior significado com os importantes fatos chocantes e brutais do mundo laico, que por certo lhe dizem respeito e a cada um de nós em particular. Assim como se fosse um safanão ou o enérgico pescoção em quem está abobalhado de sono ou dessa preguiça imperiosa e mortal que lhe impede de quebrar a inércia.

É fato que a atividade religiosa tem-se tornado, em diferentes setores, um quisto cuidadosamente camuflado por pompa e circunstância, no corpo social. O povo é sábio quando põe o dedo na ferida:

Por fora, bela viola, por dentro, pão bolorento...

Jesus é ainda mais duro nas suas palavras:

Túmulos caiados!

Coube à secularização devolver dignidade à fé, promovendo a redescoberta de seu verdadeiro papel, de acordo com a visão de Jesus Cristo e, por decorrência, de todos os religiosos conscientes, dentro e fora da Cristandade, quando está em jogo a necessidade de uma atuação viva, dinâmica e, sobretudo, engajada num projeto libertador.

É de Jesus esta importante instrução:

Vocês são o sal da terra e a luz do mundo...assim, brilhe a sua luz diante dos homens, para que vejam as suas boas obras e glorifiquem ao Pai.

O homem consciente já não entende nem aceita a divisão artificial entre o sagrado e o profano e só pode rejeitar a religião que assume a forma e o isolamento de uma capela sem povo, voluntariamente. Mesmo os que pertencem à Comunidade religiosa, mas refletem com maturidade, não se vinculam mais a uma Igreja alienada de tudo e, na prática, endossam críticas semelhantes às que foram formuladas logo acima.

Esta a razão porque, cada vez mais, ganha corpo entre os religiosos esclarecidos a idéia aparentemente paradoxal de uma religião-não-religiosa, porque a simples menção da palavra *religião* ficou parecida com uma pecha ou referência que se tornou, com absoluta razão, pejorativa.

Dentro do contexto cristão, diz tudo o título que Julio de Santa Ana dá a seu importante livro: *Cristianismo sin Religión*. Porque, ainda quem desenvolve uma vida de fé prefere não se comprometer com fórmulas arcaicas e estruturas religiosas ultrapassadas. Ou mortas.

Aceitar com seriedade a vocação cristã é não estar disponível para outros chamamentos, como aconteceu a Tristão de Ataíde, que, ao se converter e tornar-se católico, participou da fascinante experiência de comprometimento contínuo com a novidade cristã possível no dia-a-dia e a convocação inadiável que nos sobrevêm como um constante desafio.

Estruturas cansadas ou nascidas de equívocos são como os andaimes de uma construção que não oferecem sustentação nem passam a mínima segurança.

À semelhança do antigo e rocambolesco *globo da morte,* elas lembram o prazer das emoções fortes, em que o risco ameaçador e letal está sempre presente. Evocam também cela e cárcere. Algemas que manietam. Mordaça que provoca o reducionismo dos censurados.

E se é verdade que temos compromisso sério e insubornável fidelidade à vida de amor e de justiça, os outros acenos, insinuações merecem o nosso desprezo e a mais franca deslealdade.

O dia 3 de abril de 1991 tornou-se uma data triste. O notável escritor inglês Graham Greene morreu nesse dia, aos 86 anos. Como Jorge Luis Borges, ele também não recebeu o prêmio Nobel de Literatura, que considerava uma espécie de loteria, mas no mundo inteiro, inclusive na América Latina e no Brasil que ele tanto admirava, foram vendidos mais de vinte milhões dos seus diversos livros.

A morte de Graham Greene me fez lembrar do dia 6 de junho de 1969, quando o escritor recebeu o *Prêmio Shakespeare* concedido pela Academia de Hamburgo, ocasião em que fez importante pronunciamento, com um título nada comum: "O Elogio da Deslealdade". Tal título traz, já de início, a evocação da obra prima de Desidério Erasmo, intelectual que se destaca na efervescência cultural do Renascimento e como uma espécie de contraponto aos reformadores protestantes, seus contemporâneos no século XVI.

Sobre esse discurso, o querido e saudoso Tristão de Ataíde escreveu uma de suas páginas mais belas e significativas, que agora me serve como importante material de referência.

Graham Greene, ao receber a premiação com o nome do bardo inglês, teceu uma série de restrições ao poeta e dramaturgo Shakespeare, que teria apenas escrito sobre o passado, sem mencionar os procedimentos incorretos do poder vigente à sua época. Pelo contrário. O poeta nunca deixou de cortejar um rei arbitrário como Ricardo III, porque ambicionava, por essas mesmas razões da alma que ele tão bem analisava em suas personagens vivas e peças imortais, a outorga de um título de nobreza e de um cobiçado brasão de armas.

A certa altura do pronunciamento, Graham Greene afirma que Shakespeare não poderia jamais ser comparado a outros escritores do passado, que foram movidos pela coragem e por essa deslealdade diante do poder sem justiça. E enumerou: Dante, que foi exilado; Baudelaire, processado como obsceno; Villon, enforcado; Emile Zola, preso por ter escrito *Eu Acuso*; Dostoievski, colocado, por causa de suas posições, diante de um pelotão de fuzilamento; Victor Hugo, desterrado...

Graham Greene falou também dos escritores mais recentes que optaram pela fidelidade a si mesmos e às grandes Causas, sem apelarem para uma lealdade de conveniência: Boris Pasternak, Daniel, Simiavski, Ginsburg, Soljenitsin – colocados nos campos de trabalhos forçados ou em hospitais psiquiátricos da antiga União Soviética e submetidos sem descanso à censura férrea e injusta. E fez menção ainda a Roa Bastos, que precisou fugir do Paraguai e George Séféns, tornado *persona non grata* para o governo da Grécia, em razão de sua atuação rebelde e viril.

Destacou, com sublinhada ênfase, que Shakespeare nos últimos anos esboçou uma tentativa de passar para o lado dos *malditos*, mas faleceu sem caracterizar bem essa tardia virada em sua vida. Ficou a grave falha no perfil daquele que escreveu com excessiva dose de lisonja, senão como um sabujo, em sua peça teatral *Ricardo III*:

> *Esta praça feliz, este pequeno universo, este lugar bendito, esta Inglaterra.*

É doloroso saber que o desmedido elogio se tornou conhecido quando um outro poeta inglês, Robert Southwell, morreu no patíbulo, após três anos de tortura e teve o seu corpo esquartejado por uma suposta traição.

Por ocasião desse corajoso discurso, eu me lembrei de nosso escritor maior, Machado de Assis, que, tendo ascendência negra, nunca usou sua insuperável pena para combater a vergonhosa chaga da escravidão no Brasil.

E Graham Greene encerrou o seu depoimento lembrando Dietrich Bonhoeffer, que preferiu morrer a ser leal ao Nazismo de Adolf Hitler. Em um de seus últimos escritos, Bonhoeffer chegou a declarar, como que movido por intrigante intuição e com a lucidez de sempre:

> *Quando Cristo chama um homem, ordena-lhe que vá e que morra.*

E foi dessa forma responsável que o pastor alemão justificou a sua presença no complô contra o ditador nazista, Adolf Hitler:

> *Os cristãos alemães terão de enfrentar a terrível alternativa de ajudar a derrota de sua nação, afim de que possa sobreviver a Civilização cristã ou ajudar a vitória dessa mesma nação e por conseqüência a derrocada de nossa Civilização. No que me diz respeito, sei qual dos lados escolher.*

A secularização nos acena com a possibilidade de libertação integral. E bem pode ser o oxigênio puro da mãe Natureza arejando idéias e inspirando caminhos, a propósito do relato humorístico que abre o presente capítulo.

O significado desse processo tornou-se claro através do descortino e sensibilidade do mesmo Bonhoeffer, mas sua contribuição, tão importante para o pensamento atual, ficou apenas esboçada, porque, dias antes de terminar a Segunda Guerra Mundial, Bonhoeffer foi enforcado pelos nazistas.

Uma análise serena da secularização deve destacar, entre outras conquistas humanas, a separação entre Igreja e Estado, o prenúncio da maioridade do homem, o simbólico corte do cordão umbilical, que até então denunciava uma vida de doentia dependência do outro e de Deus.

O ser humano, enfim, fica pronto para caminhar seguro e livre, suportando o *não* representado por seus limites e contingências, e entendendo o seu vínculo com Deus como desafio para uma vida superior e autônoma. Porque o homem entende enfim o significado simbólico do véu do templo, que se fende de alto a baixo na morte de Jesus, conforme o relato evangélico: já não existem lugares mais santos do que outros, toda a existência é sagrada e o único sacramento é a Vida.

A Cidade do Homem – *The Secular City* – não é menos sacra que A Cidade de Deus – *Civitas Dei* – mas se complementam, de modo harmonioso. Tanto Santo Agostinho quanto Harvey Cox são convergentes em sua preocupação e falam, com toda a certeza, a mesma língua dos profetas bíblicos.

A marcha da secularização, apesar de exibir acidentes, reforça-nos a convicção de que o nosso mundo não pode mais ser considerado religioso, até pelo esvaziamento da palavra, como foi visto. Paul Tillich chega a assegurar que o fardo maior que Jesus Cristo veio retirar dos ombros humanos se resume à religião.

Mas isto não significa que o mundo deva então ser visto como anti-religioso, em perigosa atitude de polarização. Talvez seja mais adequado entendê-lo como pós-religioso, vez que aceita a secularização do sagrado ou a conseqüente sacralização do profano.

O processo de secularização sofreu, no transcorrer histórico, alguns espasmos de exagero. Como entender de outro modo certas atitudes dos *hippies*? A violência das reivindicações desordenadas para provar que se é livre? A loucura do *anti* até mesmo com relação ao próprio sexo? Essa náusea em face do velho mundo constrangedor e, ao mesmo tempo, a simultânea dificuldade de saber o que se quer, o que se busca?

Mas me parece oportuno acrescentar que acompanha de perto a secularização o que pode ser denominado secularismo.

Se levarmos em consideração o radicalismo desse movimento, sua belicosa posição de ateísmo e a atitude de proselitismo agressiva, temos de concluir que o secularismo é mais um sinal de recuo do que de conquista humana, pois tem a postura e o perfil de uma religião anti-religião. O chamado Socialismo real foi bem o exemplo de secularismo, no século XX, que acabamos de ultrapassar.

Nem se trata de traçar aqui uma crítica ao seu modelo econômico, que sempre vi com simpatia e admiração. Afinal, a economia soviética fez de uma nação em estádio pré-industrial o país que sustentou a guerra fria e a corrida armamentista. Enfrentou, com lances de surpreendente brilhantismo, a competição espacial e ombreou-se com os Estados Unidos da América do Norte. De modo semelhante, a economia da China, com ajustes de percurso, tem hoje peso determinante no cenário internacional.

Parece-me, ao menos, curioso observar, quando encerro este capítulo, que alguns dos mais notáveis místicos e gurus de nosso tempo, como Aléxis Polari no Brasil, não pertenceram aos movimentos religiosos tradicionais, e sim são remanescentes da esquerda militante e romântica, que marcou presença atuante na mesma época dos *hippies* e das ditaduras militares na América Latina.

Alguém que debatia este assunto, num painel em que também estive presente, chegou a brincar:

Parecem incendiários convertidos em bombeiros.

15

A HUMANIZAÇÃO DO HOMEM

> *Somos animais desesperados. E quando o próprio Freud faz esta afirmação, sentimos, angustiados, que os nossos prazos todos estão mais do que esgotados e o relógio assinala a vigésima quinta hora, que já nos visitou na II Grande Guerra...*

Sempre que inicio um novo período de minhas aulas de Sociologia no curso universitário, procuro discutir com os novos alunos o complexo desenvolvimento da personalidade. Embora estejamos ainda tateando em quase todas as coisas, acho fascinante acompanhar a influência determinante da sociedade, a partir da afetividade familiar, estimulando o verdadeiro nascimento do ser humano.

Todo o potencial do homem já se encontra ali, pronto e como que armazenado, inclusive a cor dos olhos, desde o momento mágico de amor e de prazer em que se dá a fecundação do óvulo pelo espermatozóide. E, no entanto, Park e os outros cientistas sociais nos previnem que:

O homem não nasce humano.

Porque ele é um fenômeno social, um animal político, como assegurou Aristóteles, séculos antes de Jesus Cristo e mais de dois milênios anteriores ao aparecimento de uma ciência batizada ainda ontem por Augusto Comte com um nome híbrido formado de dois pequenos vocábulos, vindos do latim e do grego: *socius* e *logos*, apontando o estudo ou pesquisa da sociedade.

A primeira proposta para nomear a nova ciência deixava à mostra a busca de exatidão – *Física Social* –, designação que não vingou. Sobraram vestígios dessa pretensão em expressões, como estática e dinâmica sociais e certas marcas duradouras do instigante Positivismo de Comte, com seus aspectos positivos ou não.

Mas apesar de muitos não se mostrarem simpáticos ao segundo nome proposto, portador da hibridez que lhes parecia desnecessária, tornou-se consagrado chamar no mundo inteiro a ciência que despontava no século XIX de Sociologia, apenas adaptando sua pronúncia à música e sotaque dos diferentes idiomas.

E a ciência da sociedade, em pouco mais de um século, se desenvolveu com a primeira fornada de estudiosos, que já bordejavam seu objeto de pesquisa, homens que podem ser considerados *pais* dos novos estudos, tanto quanto Augusto Comte: Max Weber, Karl Marx, Émile Dürkheim, Gabriel Tarde, Herbert Spencer, Gilberto Freire e tantos outros que se agregaram, aos quais se somam os sociólogos brasileiros que alcançam os nossos dias, como Josué de Castro, Florestan Fernandes, Élter Maciel, Rubem Alves, Fernando Henrique Cardoso, Carlos Alberto Rabaça, Jether Ramalho, Rubem César.

Mas a Sociologia chegou para balbuciar, ainda no berço, a mesma compreensão do velho Aristóteles:

O homem é um ser social.

Um dos curiosos acontecimentos que partilho com as minhas turmas, em nosso pequeno curso introdutório, é o daquelas criaturas que ficaram conhecidas como meninos-lobo, referência à lenda dos fundadores de Roma – Rômulo e Remo – que teriam sido amamentados por uma loba.

Todo mundo já ouviu alguma coisa desses fantásticos casos, mas a maioria parece achar os registros cuidadosos de cada um deles, senão falsos, pelo menos, insólitos e até mesmo engraçados. São poucos os que dão crédito aos relatos que demonstram as conclusões que Aristóteles alcançou, utilizando caminhos diferentes. Alguma coisa parecida sucedeu quando o primeiro ser humano pisou o solo da lua, o que me leva a concluir que crer ou não crer trata-se também de uma elementar questão de QI.

É preciso, na verdade, separar o joio do trigo, por causa das fraudes e fantasias que cercam esses estranhos acontecimentos, aos quais mais tarde seriam agregados casos documentados para contínuo estudo e ficções derivadas deles, como Tarzan e Mogli, que foram desenvolvidas num clima de visível fantasia, como mero entretenimento.

Ao me deter nos relatos que foram estudados com seriedade, destaco, quase sempre, as duas meninas encontradas na Índia, Amala e Kamala.

A expedição que as caçou, marcada pelo interesse dos missionários, se viu forçada a matar a loba com quem viviam, para devolver as meninas à sociedade, de onde, por algum motivo, teriam se extraviado. O resgate se deu em 1920, quando a criança mais nova tinha cerca de um ano e meio e Kamala, oito.

As duas poderiam ser irmãs.

Mesmo com os que se autodenominavam civilizados, as meninas continuaram a viver como bichos. Não andavam em pé, mas engatinhando, como alguns entendem ser a melhor postura, porque libertaria o ser humano dos riscos cardíacos de uma barriga estufada, para não mencionar o lado estético, e os disseminados problemas que agridem a coluna vertebral.

Não falavam, mas emitiam apenas os sons que identificam os animais. Comiam e bebiam água com a boca colocada diretamente nos vasilhames. Rasgavam as roupas costuradas em seus corpos, que pareciam não apenas inibir seus movimentos, mas sufocá-las. Dormiam emboladas, uma sobre a outra. Não temiam a escuridão.

Mostravam ter mesmo alguma forma de comunicação com os cães vadios que uivavam nas imediações. Não choravam nem riam. Nada nelas lembrava o ser humano que há tão pouco tempo deveriam ter sido. Eram vigiadas, num verdadeiro clima de prisão, para que não se evadissem com a incrível velocidade que atingiam quando se locomoviam como se tivessem quatro patas...

Amala morreu um ano depois e Kamala também veio a falecer oito anos após a captura, tendo adquirido certas posturas humanas, como caminhar em pé, vestir-se, usar talheres, externar alguma afetividade rala ou residual de uma história extraviada para sempre, e a utilizar o pequeno vocabulário que lhe inculcaram, somado, quem sabe, a um que outro vocábulo garimpado das reminiscências do antigo lar perdido por causas desconhecidas, tudo totalizando não mais de umas cinqüenta palavras.

Só.

Lembro-me de que certa vez, ao mencionar essa verdadeira aventura humana com marcas de tragédia, uma aluna me interpelou, de forma delicada, mas muito sincera e afirmativa:

> *Por que, meu Deus, os missionários não deixaram essas meninas em paz na toca da mãe-loba? Afinal, a inserção entre os humanos terminou significando verdadeira sentença de morte para ambas!*

Confesso que, a partir dessa observação, tenho pensado em Amala e Kamala de modo diferente. Não mais como apenas meninas resgatadas, e sim como seres que, de verdade, não eram mais humanos nem chegaram também – e como poderiam? – a se tornar verdadeiras lobas.

O fato incontestável é que as meninas foram arrancadas de uma espécie de limbo, onde estavam, pelo menos, acomodadas, custando essa violenta operação o trágico sacrifício do único e tênue vínculo afetivo que ainda lhes sobrara do relacionamento com a loba, no *habitat* que terminou adotado por elas. E depois, foram entregues à própria sorte, como aberrações, expostas à perplexidade e à angústia de todas as cobaias. À semelhança de Conga, a mulher-macaca, lembrando igualmente o enigmático Kasper Hausen e a criatura sensível conhecida como homem-elefante, marcada de tal modo pela sina da infelicidade que, mesmo depois de morta, fez-se o centro do incrível boato de que outro ser estranho e famoso, o cantor Michael Jackson, queria comprar-lhe o corpo para o seu impossível museu de horrores...

Como as meninas Amala e Kamala teriam sentido, pela segunda vez, a perda absoluta? Qual o nível de angústia surda que as assaltava? Seus terrores? Que pesadelos infestavam o agitado sono das duas irmãs ligadas a uma vida de tragédia e infortúnio?

De qualquer modo, a maior condenação que sofreram aconteceu quando, com a primeira perda, deixaram de participar do natural processo de humanização. Porque tudo indica que há um momento em que as lesões mentais e físicas do isolamento social são irreversíveis. Guerra Junqueiro, o poeta, parece-me tê-lo intuído de um outro ângulo, para escrever:

> *As almas infantis são brandas como a neve,*
> *são pérolas de leite em urnas virginais;*
> *tudo quanto se grava e quanto ali se escreve,*
> *cristaliza em seguida, e não se apaga mais...*

Mas o homem, que é forjado no convívio social, pode sofrer desfigurações dentro de situações inadequadas da própria sociedade, como assegurou Rousseau no âmago de sua filosofia social.

Acredito que nossa ação de solidariedade e respeito humanitário deva impedir que se multiplique a melancólica realidade dos imorais zoológicos humanos, onde o homem é reduzido à condição de aberração ou cobaia destruída com a crueldade da indiferença.

O Rinoceronte, de Eugéne Ionesco, *A Metamorfose*, de Franz Kafka, e *A 25ª Hora*, de Virgil Gheorghiu contêm denúncias que não podemos desconsiderar. Uma visita ao *Eu-Tu*, de Martin Bubber, é sempre oportuna, pelo acerto com que o filósofo apresenta o eixo e a perspectiva humanística dos relacionamentos sociais. E o aforismo de Albert Camus se faz, em tal contexto, altamente significativo, porque arremata esse coquetel de referências e propõe com clareza o seu devido e apropriado tom:

> *A maior economia que podemos realizar na ordem do pensamento é*
> *aceitarmos a falta de compreensão do mundo, e ocuparmo-nos do homem.*

Uma sociedade pode ser chamada humanística ou humana quando suas instituições forem justas e proporcionarem ao cidadão integral desenvolvimento e cuidado institucional e afetivo, em cada estação de sua vida. Ainda antes do nascimento, durante a existência inteira, e mesmo depois de sua morte.

Veja só como se comporta o poeta latino Virgílio, que teve o seu magnífico perfil comentado no belo romance de Hermann Broch. Quando já se encontrava às portas da morte, participou até o fim com intenso interesse pela vida que se desenrolava em Roma, utilizando apenas a janela sempre aberta de seu quarto, onde o abrigaram, num tipo de albergue que nos lembra um hospital.

Vozes. Ruídos. Cheiros. De vez em quando, o velho poeta enfermo esgueirava-se até a janela para ver as ruas e calçadas que testemunhavam as cenas previstas ou não, os dramas e comédias que marcavam o cotidiano febril da movimentada capital do império.

Morrendo e ainda aprendendo...

A luta pela humanização do ser humano atravessa os bons momentos históricos da humanidade. Acredito, porém, que de nada adianta destacar, sem verdadeira paixão e fora de compromissos engajados, este anseio que, consciente ou não, habita o ideário do homem, apontando o seu direcionamento e destacando a determinação com que ele cumpre o seu destino.

Constrange-me perceber que, no âmago mesmo das doutrinas e ideologias que dizem conceder espaço e o devido destaque ao ser humano, impera o germe do reducionismo e aviltamento do homem, pesando pouco ou mesmo significando nada a utilização mecânica de aforismos, como o de Terêncio:

Homo sum, et nihil humani a me alienum puto, sou homem e nada do que é humano considero alheio a mim.

Terêncio afirma com absoluta ênfase a sua humanidade e o compromisso de assumir a condição humana sem quaisquer reservas.

A declaração é clara e eloqüente, mas nada assegura que seja levada a sério. Porque as palavras podem se esgotar nelas próprias. Apenas. Fico pessoalmente esperando sempre o desdobramento conseqüente e a coerência da ação prática da *práxis* que empresta autenticidade às teorias. Peço, por isso, ao leitor que comigo examine um modesto painel de conhecidas buscas humanistas, capazes de me exemplificar a preocupação permanente da sociedade com a mais plena realização do grupo como um todo e de cada ser humano em particular. Acertar nessas metas e propósitos significa tanto a integridade social quanto assegura bases sólidas para o seu futuro.

Hoje, nem tanto. Mas o **Existencialismo**, por volta da Segunda Guerra, marcou época e com toda razão. Porque é uma instigante filosofia que oferece inegáveis contribuições, quando se antepõe às generalizações do modelo filosófico que lhe é oposto e ao *conceito* de homem que distorce a nossa visão concreta do ser humano *real*.

Merecem-me admiração e respeito nomes como Soren Kierkegaard, Jacques Maritain, Karl Jaspers e Gabriel Marcel, vinculados também ao Cristianismo. Há mesmo quem afirme que o próprio Santo Agostinho poderia ser considerado uma espécie de precursor do movimento existencialista.

No momento em que este modelo de filosofia vê o outro como o inferno, à maneira de Jean-Paul Sartre em sua peça teatral *Entre Quatro Paredes*, ou afirma a moralidade como irracional, realizando verdadeira suspensão da ética, em atitude parecida com a virtù de Maquiavel, vez que, para o existencialista, a ética é sempre relativa; ou quando concede absoluta ênfase ao ato livre, porque apenas a liberdade, ainda que provoque angústia, faculta ao ser humano uma existência autêntica; e na medida em que apregoa que deixar de escolher a liberdade é o único mal e no ato corajoso de escolhê-la o homem atinge o bem verdadeiro – através dessas diretrizes básicas, percebo a identificação do Existencialismo filtrado pela ótica de Sartre com um tipo solerte de subjetivismo, que bem pode desembocar na anarquia moral. E assim desumanizar o homem, a que se propõe privilegiar de todas as maneiras.

O movimento *beatnik* e os grupos *hippies* podem ser considerados subprodutos ou caricaturas do Existencialismo, porque se servem dos postulados mais simples e visíveis de sua filosofia, sem o necessário lastro intelectual dos filósofos existencialistas e o seu instrumental teórico.

Acredito que o leitor concordará comigo, se examinar as atitudes estereotipadas dos *hippies* ou coisas como as que a antiga marchinha de Carnaval divulgou sem nenhum compromisso:

> *Chiquita bacana lá da Martinica*
> *se veste com a casca de banana nanica.*
> *Não usa vestido, não usa calção,*
> *inverno pra ela é pleno verão.*
> *Existencialista com toda razão,*
> *só faz o que manda o seu coração.*

Compare a brincadeira acima com a orientação de Sartre ao jovem indeciso entre ser o arrimo de sua velha mãe ou partir para defender a pátria. Sartre não perde tempo com o dilema do moço, mas vai diretamente ao ponto:

Faça o que quiser, desde que seja com paixão.

E o que dizer sobre o **Capitalismo**? A despeito de seus acertos, fica difícil colocá-lo como um modelo humanista, porque a ênfase recai maciça sobre o indivíduo e estimula um perigoso individualismo competitivo, do tipo *salve-se quem puder*.

A História desmentiu as justificativas de que a conduta liberal absoluta, no terreno econômico – *laissez faire, laissez passer* –, redundaria no bem de todos.

Hoje, os próprios governos capitalistas reconhecem como justo e necessário um maior controle social, através da interferência crescente do Estado para disciplinar a iniciativa privada.

Na mesma linha de renovação neocapitalista, pode-se constatar a crescente força dos Sindicatos e das leis trabalhistas, inauguradas no Brasil durante o governo Vargas.

São importantes sinais que reforçam a esperança da libertação humana de estruturas injustas, e atestam que, pelo menos, o Capitalismo selvagem não existe mais.

Quanto ao **Socialismo Real**, mais conhecido como Comunismo, a ênfase ideológica recai sobre o coletivo, o grupo, o que, em si, seria positivo, se não se distanciasse tanto de uma valorização pessoal do ser humano, colocando sob ameaça a liberdade individual e ainda lutando pela exclusão forçosa e artificial de Deus, como se ao homem fosse dado o poder de dispor a seu bel-prazer da Divindade, através de manipulação simples e ideológica, com a utilização de decretos.

No início desse livro, que não tem maiores pretensões, já comentei esse lamentável engano um pouco mais detidamente.

A despeito das bandeiras humanitárias e da sensibilidade diante da fome, o Comunismo contribuiu para a concepção do homem massificado e assim reduzido, a despeito dos discursos ideológicos e de toda a propaganda política.

A peça teatral de Ionesco *O Rinoceronte*, embora escrita como crítica sutil ao Nazismo, aplica-se também aqui, porque os extremos se tocam com freqüência. E a figura usada pelo *cronista do absurdo* é ferina e oportuna, uma vez que o rinoceronte é um animal extremamente forte, poderoso, mas que tem o seu *calcanhar-de-Aquiles*: vista curta e pele grossa...

É fácil observar nos modelos apenas esboçados – como, de resto, tudo neste pequeno livro – a deterioração do humanismo preconizado pelos teóricos, o reducionismo dos legítimos direitos do homem e, por via de conseqüência, o esmagamento do próprio homem oferecido em sacrifício ao bezerro de ouro ou aos outros deuses-vampiros que se alimentam do sangue humano.

E o que significa, neste sucinto painel, a **Democracia**?

Ninguém pode negar que a palavra *democracia*, usada e abusada pelas ideologias as mais diversas, está exaurida e desgastada de seus nobres significados. Para ser mais preciso, o testemunho da História expõe o aniquilamento da Democracia, desde a sua origem, vez que a decantada conquista democrática dos gregos se esgotara num curto período histórico e, ainda assim, exibia mais escravos do que homens livres.

A palavra grega significa literalmente *o governo do povo*, mas o melancólico quadro que já nos é familiar ou aponta para a inexistência de um verdadeiro governo que mereça respeito ou se confunde com o tirânico desmentido, tanto da vontade quanto da liberdade popular.

Mas, a despeito de todas as frustrações históricas e da decepcionante incapacidade do povo, impregnado de propaganda politiqueira e acuado por pressões econômicas, sem espaço para escolher bem, ainda assim acredito no potencial da Democracia, e entendo que ela é o legítimo caminho da humanização eficaz, no momento concreto que a humanidade está vivendo. Pode até ser a pior forma de governo, segundo o famoso comentário de Churchill, mas não foi inventado ainda um outro que lhe seja melhor.

Talvez seja impróprio e mesmo dispensável, mas não quero deixar de constatar o acerto de quem leva em conta as ponderações de Jean-Jacques Rousseau, em seu *O Contrato Social*, bem como as possibilidades mais viáveis e concretas da chamada Democracia representativa.

Mas que ninguém se confunda. O caminho da humanização não passa pela superproteção do paternalismo. As trágicas safras das missões cristãs em países da América, África e Ásia devem-nos servir de alerta e de exemplo oportuno e inesquecível. O apóstolo Paulo adota a posição que a seguir exponho com suas próprias palavras, lembrando que o poema do apóstolo inspirou um jovem músico como Renato Russo, em sua bela e conhecida composição:

> *Ainda que distribuísse todos os meus bens para o sustento dos pobres, e mesmo que entregasse o meu próprio corpo para ser queimado, se eu não tivesse amor, nada disso me aproveitaria... O amor tudo sofre, tudo crê, tudo espera, tudo suporta; o amor jamais acaba.*

O genial pintor Van Gogh antecipa, até certo ponto, esse homem gerado pela esperança. Foi, como muitos ignoram, um desses pastores e pobrezinhos de Deus, tão desprendido que sua atuação só teve reconhecimento após a sua morte. O que também sucedeu a seu tesouro artístico, não reconhecido durante sua vida.

Van Gogh acompanhava os seus paroquianos, que eram mineiros de carvão. Sabemos hoje que o jovem pastor não tinha coragem de comer e distribuía todo o seu salário recebido das Missões aos trabalhadores das minas, que expunham, por necessidade, a vida a contínuos riscos e ainda padeciam de fome.

Os velhos desequilíbrios se agravaram de tal sorte, em meio à angústia das privações, que um dia, mergulhado em terrível crise de loucura, cortou a própria orelha. E mais uma vez o irmão Téo, seu verdadeiro anjo da guarda, o socorreu com afeto, internando-o num sanatório.

Hoje, seus quadros estão avaliados em milhões de dólares.

Descartando exageros e o grave desequilíbrio mental de Van Gogh, identifico nele a compaixão irrestrita pelos sofredores, e não a destorcida preocupação com credos e dogmas; uma ternura sem limites, e não o ato de farejar os infratores da reta doutrina; a generosidade sem fronteiras nem condições, e não o aprisionamento a liturgias e rituais estéreis.

A trindade prática de Van Gogh foi sempre esta: compaixão, ternura e generosidade.

Aprendemos com sua pureza que é preciso lapidar todo o tempo o diamante de nossa existência. Até que um dia descobrimos o que para os santos é natural como a respiração. E então nos convencemos de que plantar uma árvore é mais importante do que nossas rezas mecânicas. Um abraço de amor vale mais que a seriedade dos credos que não convencem. É melhor um banho de cachoeira do que os batismos de um formalismo sufocante. Preferível o palavrão que alerta, às declarações hipócritas de um amor sem futuro.

Maiakovski, poeta da revolução russa, declara:

Morrer não é difícil, o difícil é a vida e o seu ofício.

É difícil, mas também é bela. Pode ser bela. E será bela, se quebrarmos a barreira do egoísmo e, sobretudo, da indiferença, em relação ao outro e ao grande Outro. Sensíveis diante do sofrimento e dores que moem o ser humano e da violência que agride e ameaça o próprio futuro da Terra.

Um pouco de atenção e você descobre que o traço comum que distingue pessoas tão diferentes como Luther King, Gandhi, Madre Teresa de Calcutá, Betinho, Lady Di e Van Gogh pode ser expresso pela palavra compaixão. Mas atende também pelo nome de amor.

O mesmo Maiakovski diria, em momento mais feliz, este verdadeiro achado que uso como fecho do presente capítulo:

A minha anatomia se fez louca;
sou todo coração.

16

E, ENFIM, HAVERÁ UM FIM?

A serpente pica a própria cauda, forma o anel e fecha o círculo. O fim é sempre um novo início. Mas há quem jure que aí também se encontra o eterno retorno ou o mistério eterno...

No meu tempo o mundo era muito melhor... Tudo mais puro, mais sadio... Os filhos respeitavam os pais, a Escola se revelava risonha e franca, as pessoas desmanchavam-se em gestos afetivos...

Já foi dito que existe um tipo de utopia plantada em nosso passado. Na medida em que envelhecemos, bem pode acontecer conosco o que sucede com muitos bons velhinhos que, tangidos pelo saudosismo e as crises de depressão e nostalgia quase inevitáveis, ajustam os faróis do carro que não mais dirigem há muito tempo, para ré, iluminando o percurso já ultrapassado. E lamentam, saudosos e emocionados, como na abertura deste capítulo:

No meu tempo, a gente amarrava cachorro com lingüiça e um fio de barba ou de bigode servia de documento... No meu tempo, as moças se casavam virgens e castas...

E outras tantas mentiras e mais mentiras desse tipo. Porque convenhamos que sempre existiram as *vacas gordas e magras* do fiel José do Egito, as aventuras apimentadas com o arrebatamento e a voragem de Romeu e Julieta, assim como sempre foi preciso precaução contra os eternos cafajestes de plantão nas esquinas da História. A bíblia, neste sentido, enfrenta a realidade humana de seus próprios vultos referenciais, sem nada escamotear.

Dei a meu primeiro livro, que se prendia a esse tema, o título que tornava explícito o seu conteúdo: *Os deuses despidos*. E o reverendo Adauto Dourado, querido amigo, tornou-se meu cúmplice ao escrever um belo prefácio. Lembro-me de que ele fez até citação de um ditado italiano: *Si non é vero, é bene trovato...* Só não saberia dizer agora se fui eu que achei mais conveniente arquivar meu trabalho ou se não encontrei nas Editoras Evangélicas nenhuma que se animasse a correr o risco de torná-lo público, mas apostaria, se preciso, na prudência da segunda hipótese.

Os livros de Erik Von Daniken – *Eram os Deuses Astronautas, De Volta às Estrelas, Semeadura do Universo* – correspondem a esse olhar para trás que pode ser enganador, se bem que trazem à baila fatos intrigantes, merecedores de investigação mais séria. Como, por exemplo, o mapa do turco Piri Lopes, desenhado de uma perspectiva impossível para os recursos técnicos da época; as baterias elétricas encontradas em Bagdá, que antecedem em séculos a descoberta da eletricidade... Eu mesmo vi nas ruínas do velho Egito dos faraós o desenho de um espermatozóide esculpido num daqueles monumentos gigantescos de Karnak, sem que houvesse nem mesmo suspeitas dos potentes microscópios que viriam bem depois. Impressionante. E há mais, muito mais.

Mas é interessante observar que, nos momentos de agonia e de crise, mormente nas transições de períodos, torna-se comum também que o ser humano busque a evasão dessas angústias e passe a gravitar ao redor de suas vitórias pretéritas. Ou então se fixe em expectativas futuras e formulações escatológicas mais agradáveis e amenas.

É a curiosa e conhecida *síndrome da avestruz...*

Fica muito claro que as enormes dificuldades para solucionar o que nos aflige no presente podem remeter-nos para as utopias de fuga, lançando mão de um expediente infantil, que consiste em negar sistematicamente o que demanda dedicação absoluta e muito trabalho para ser equacionado e resolvido, e, mesmo assim, sem a mínima garantia de sucesso. Fica mais fácil, embora seja também mais falso, esconder a cabeça na areia. Ou não?

Forço-me assim e uso todos os princípios de disciplina que conheço para não pautar a existência no embalo da perigosa nostalgia do passado nem me deixar enredar pelas aliciadoras especulações da Escatologia, e assim concentro, quase com exclusividade, minha atenção no presente, suas oportunidades e, sobretudo, no necessário engajamento que me outorgue uma vida de ação conseqüente.

Sei hoje, no entanto, que todas as utopias ancoradas no passado e a alienação escatológica com seu eixo fixado no futuro não são, no entanto, mais graves que aquela prudência imobilista que me ata em nome da *precaução*. Trata-se de uma forma doentia de comportamento capaz de vedar a consideração dos acertos passados e de todas as expectativas e experiências relativas ao futuro. E isto pode interditar ou menosprezar a necessidade que tenho de refletir, como no caso presente, sobre *as coisas ligadas ao fim dos tempos*. Já para nem mencionar outros motivos e formas de castração.

Acontece que estou certo de que esses vôos e mesmo certas especulações mais elaboradas, não subtraem de minha ação responsável o presente desafiador, podendo, isto sim, enriquecê-lo ainda mais com novas e maiores perspectivas. Assim é que, mantendo as mãos comprometidas com o trabalho de cada dia, é necessário também que eu tenha tempo e o necessário espaço para a pergunta que titula esse último capítulo:

E, enfim, haverá um fim?

Dentro do processo evolutivo, que a tudo conduz para o cumprimento do propósito último, a História não marca passo sem sair do lugar nem desenha um círculo vicioso que nos obrigue a voltar ao invariável ponto de partida, lembrando aquelas mesmices repetidas pelas pessoas que parecem bloqueadas para a criatividade. Ou o *Bolero* de Ravel, que quando nos vem à memória no começo de um dia, como já foi observado, parece grudar em nossa mente, para ficar pespegado como as antigas ventosas. Ou ainda, seguindo a mesma esteira e por idêntico motivo, o *Samba de Uma Nota Só*.

Mas há toda uma reflexão sobre o *eterno retorno*, em Nietzsche, que pretendo enfrentar com tempo e sem limitação de espaço num futuro livro, já em adiantada gestação.

Gostaria apenas de justificar-me por não pisar o solo sagrado sem levar em justa conta a prudência de calçar sandálias ajustadas ou enfrentar com os pés desnudos o chão onde a sarça arde novamente sem se consumir, porque já antevejo, de certa perspectiva, que não há nada de novo debaixo do sol, como, ainda nos tempos bíblicos, concluiu o sábio Salomão. E muito mais tarde, e com a chancela da moderna Ciência, Lavoisier viria referendar.

Eugen Fink nos previne que Nietzsche escreveu sobre o super-homem para todos, falou sobre o desejo de potência para alguns, mas as idéias sobre o eterno retorno ele dedicou-as a si mesmo, numa complexa e profunda reflexão, talvez apenas iniciada.

É preciso então temeridade ou até atrevimento para levantar a pesada cortina que vela o recinto santíssimo desse templo monolítico, com o humano equilíbrio sempre ameaçado pelo fracionamento esquizofrênico e nossa inalienável precariedade. É um tipo de medição de forças que nos flagra de calças curtas e em absoluta desvantagem. Mas vou em frente porque não sou aquinhoado com a simplicidade das pombas nem me vejo também dotado com a esperteza das serpentes, que Jesus prioriza.

Fisgado, talvez, ou fascinado pelo desdobramento de uma vertente dos preciosos fragmentos de Heráclito que lograram chegar até nós, Nietzsche parece ter abandonado a visão linear, para afirmar o tempo cíclico, que passa então a ocupar o cerne mesmo de sua filosofia.

Não se trata da grosseira caricatura do círculo vicioso, mas se avizinha, quem sabe, da impressionante magia do moto contínuo que, no terreno da música, levou Paganini e seu violino a seduzir o mundo embevecido com sua arte e um sonho ainda mais instigante que a busca do Santo Graal.

A partir de um ponto indefinido, que poderia muito bem ser *agora*, Nietzsche separa, digamos assim, duas eternidades, no passado e no futuro, em que tudo já acontecera, elaborando a partir daí o que entende por eterno retorno, quando todas as coisas que foram voltam incessantemente a ser. E, por enquanto, eu me calo, perplexo. E lhe peço desculpas por ameaçar trazer à luz assunto tão intrigante e terminar dizendo tão pouco ou quase nada, senão nada.

A marcha da História desvela uma impressionante dinâmica, em que a preocupação sempre recai no próximo passo, visando ao encontro com a Luz, nossa teleologia última ou meta definitiva.

De um ângulo final, sinto o impulso especial de realização, que pode até ser munido de liberdade para a escolha de atalhos, mas nunca do impossível poder de violentar a rota principal. O projeto divino se cumpre cabalmente no ser humano e no Universo, do Alfa ao Ômega, do princípio ao fim, como gosto de repetir, ao mencionar a ordem em que são dispostas a primeira e a última letra do alfabeto grego, e assim também me apropriar da conhecida figura de linguagem usada por Jesus no Evangelho, retomada pelo cientista e teólogo católico Teillard de Chardin em seus mais importantes e questionados escritos, e por tantos outros.

Uma interessante representação gráfica da evolução é, para mim, a espiral. Sempre que me abandono ao seu ritmo pulsante e passo a navegar nas ondas da espiral, tenho a sensação, nos sucessivos embalos estonteantes, de que só faço e refaço o mesmo e invariável percurso.

Mas é uma redonda ilusão. A cada giro, a alça recurva da espiral se expande um outro tanto, engole o espaço em incessante espasmo de crescimento e conquista gradativamente mais e sempre ainda mais o terreno virgem e desafiador que se posta e se renova à minha frente, como um mistério que tanto pode se desvelar aos meus olhos quanto também me engolir num acesso de fúria, como a mitológica Esfinge, que sempre me pareceu odiar seu papel de inútil sentinela em uma estrada pública, a ocultar o que, de fato, pretendia. Carente de fazer dó, andava à caça de um viajante que lhe fosse o companheiro disponível. E ameaçava os homens que mais desejava: *Decifra-me ou te devoro!* Mas só queria ter coragem de implorar: *Decifra-me e me devora!*

Essa triste história malcontada só poderia mesmo terminar em depressão e suicídio...

E. M. Cioram, filósofo que vê com profunda amargura o confuso itinerário humano, faz, em seu livro *Histoire et Utopie*, uma importante declaração. Tenho a mais firme convicção de que, ainda quem vê o homem com um olhar confiante e mais afirmativo do que Cioram, pode subscrever o que, neste caso, diz o ácido mas brilhante pensador romeno:

> *A sociedade que não é capaz de produzir uma utopia para o mundo e de sacrificar-se por ela está ameaçada de esclerose e ruína. A sabedoria, para a qual não existem quaisquer fascinações, aconselha-nos uma felicidade dada, acabada; o homem rejeita esta felicidade, e é justamente esta rejeição que faz dele uma criatura histórica, ou seja, um partidário da felicidade* imaginada.

Utopia. De etimologia simples, a palavra significa *um lugar que não existe*, mas a semântica do vocábulo, como se sabe, evoluiu e hoje aponta na direção do sonho que se realiza e desabrocha, à semelhança de um botão de flor, quando nele investimos nosso trabalho dedicado e os cuidados que são próprios do amor.

Os grandes homens sempre sonharam. Foram grandes, por sinal, porque tinham a mesma dimensão ilimitada de seus sonhos. Fica aqui o meu registro de gratidão a essas pessoas muito especiais que, com ingente trabalho e até o sacrifício da própria vida, fizeram o mundo melhor, mais habitável e menos poluído, para nós e para os nossos filhos. Pessoas que adotaram a meta inspirada de Shelley, o poeta:

> *Sair do horizonte individual, para encampar o horizonte da humanidade.*

São muitos e diferentes: Buda, Moisés, Isaías, Maomé, Confúcio e José do Egito. João, o vidente de Patmos, e Paulo de Tarso. Santo Agostinho, Lutero, Galileu Galilei, Thomas More e Campanella. Dostoievski, Tolstoi, Thomas Mann, Shakespeare e Machado de Assis. Bach, Beethoven, Villa Lobos, Noel Rosa e Chico Buarque. Débora, Golda Meir, Madame Curie, Anita Garibaldi, Indira Gandhi, Madame Blavastiki, Chiquinha Gonzaga, Judith e Eunice Simões. Gandhi, Kardec, Bolívar, Karl Marx, Darwin e Freud. Chaplin, Einstein, Oswaldo Cruz, Castro Alves, Mandela, Chico Xavier, Luther King e João XXIII. E inúmeros outros e outras que tomaram posse daquilo que ainda não era, cultivando, com desvario e sagrada loucura, a sua impossível lavoura de esperança...

Jersy Szachi, sociólogo polonês, nos fala que, nos momentos mais sombrios da humanidade, o sol voltou a brilhar por causa de um grupo diminuto que nunca perdeu a capacidade de sonhar nem se iludiu com a alienação camuflada das utopias calcadas em fuga, e sim se imantou à aventura da esperança. E o sonho de alguns poucos devolveu o ânimo a muitos, e todos prosseguiram em sua obstinada faina de criar vida e beleza a partir do que não existia ainda, e que, no entanto, desde sempre existiu e existe em gestação incessante, em que também se faz presente o seu e o meu *DNA*.

Os chamados milagres, assim como as utopias, nunca dispensam a participação humana, sejam os sinais bíblicos, ou, de modo muito especial, os textos mitológicos. Observe que Moisés feriu a rocha com sua vara, para que a desejada água potável viesse a jorrar. E o Cristo manda que se encham as talhas com água, antes de assegurar que, no casamento de Caná da Galiléia, não falte o bom vinho aos que estão a festejar o novo casal.

Este foi o primeiro sinal no ministério de Jesus, e pode ser analisado em seu processo didático. Veja só. O Mestre age de acordo com seus horários pessoais, e chega a repreender com firmeza a própria mãe, quando ela ensaia interferir. Maria entende a noção de limite recomendada pelo Cristo. Mas ela sempre voltará a se surpreender nesses momentos em que for obrigada a reconhecer o difícil mistério de ter um filho como o seu.

Na hora apropriada, Jesus realiza o seu feito. Sem atrasos nem hesitações. É tão rápido e discreto que os convidados se espantam por que o vinho de melhor qualidade fora servido quando todos já estavam alegres. O próprio mestre-sala achou a inovação, que invertera a ordem do serviço, meio excêntrica, e defendeu, com respeitosa crítica, o bom senso da tradição. Mas a pergunta que circulou na festa à boca pequena foi de grande admiração e de controlado espanto: de onde veio o excelente vinho? E ninguém tinha condição de responder. Nem mesmo a família responsável pela recepção. Ou os felizes noivos.

Apenas os serventes sabiam o que acontecera nos bastidores da festa porque acompanharam cada palavra e gesto de Jesus. Assim viram quando ele deixou de dançar entre os amigos, como os outros convidados alegremente faziam, para ajudar a família constrangida com a falta de vinho. É importante saber que o vinho ocupava, naquelas cerimônias matrimoniais, lugar equivalente ao que reservamos hoje às alianças.

E foi um Cristo de olhos alegres e com o corpo ofegante e porejado de suor, pelo esforço despendido nas jubilosas danças de seu povo, que operou o seu sinal de amor.

Mas quero repetir que só os serviçais puderam testemunhar a transformação da água em vinho. Justamente porque colocaram as mãos à obra, obedecendo ao sábio conselho de Maria:

Façam tudo quanto ele lhes disser.

É sempre nobre e privilegiado aquele que serve. Gabriela Mistral, prêmio

Nobel de Literatura, tem uma importante e bela página sobre o ato de servir, que culmina com o seu oportuno e eloqüente testemunho:

> *Deus, ele mesmo, poderia ser chamado Aquele Que Serve.*

A equação que pode gerar verdadeiros milagres e utopias é ensinada por Deus a Josué, sucessor de Moisés:

> *Todo o lugar que a planta de seu pé pisar, eu dou para você.*

Já se vê que o Jeca Tatu, de Monteiro Lobato, vai marcar passo enquanto for embalado pela preguiça que se instala e patina na raiz do *pecado original*:

> *Plantando nasce, mas não planto não...*

Uma velha história fala-nos do homem cheio de disposição que compra certo terreno espinhoso e faz dele um roçado promissor, depois de se esfalfar em contínuo trabalho. Um belo dia, seu compadre e amigo passa para vê-lo, e melhor seria se evitasse o injusto e tolo comentário:

> *Quase não reconheci o terreno tomado pelo velho espinheiro e fiquei matutando que você, meu compadre, só deve ser mesmo sócio de Deus para conseguir este milagre inacreditável!*

O lavrador aplicado não gostou nem um pouco da observação, mas coçou muito devagar a cabeça, antes de responder como quem não quer nada:

> *Pois é. Mas o compadre, como vejo, não se esqueceu do miserável espinhal que havia aqui, justo na época em que meu sócio ainda trabalhava sozinho nesse cafundó onde Judas perdeu as botas...*

A maravilhosa reserva de Dom Quixote que palpitou na alma de todos os sonhadores, como Platão, Santo Agostinho, Thomas More, Campanella, João do Apocalipse e que também nos integra, modifica a qualidade do nosso olhar... E como analisa o escritor da *Carta aos Hebreus*, a fé nasce do vazio e do invisível. E então nós cremos porque, mesmo sem fôlego, queremos crer. Cremos porque é absurdo – *Credo ut absurdum* – como testifica Santo Agostinho. E o bispo de Hipona complementa:

> *Porque há coisas que conhecemos primeiro, para depois crermos, mas há coisas que só conhecemos, depois de crermos nelas.*

Faz muitos anos que sofri a terrível experiência que alguns chamam de *noite espiritual* enquanto outros também a nomeiam de o *silêncio de Deus*. O mundo de repente perdeu para mim seus sabores, cheiros, cores e sons, e me vi abatido por uma sorte aguda de estranheza que parecia querer separar-me de mim mesmo. Só conseguia uma nesga de alento e esperança quando me identificava com o sofrimento do salmista, repetindo com a monotonia de um realejo: *laços de morte me cercaram e angústias do inferno se apoderaram de mim...*

A fé que sempre me animou passou a evocar uma cena de natureza morta. Mais propriamente, a visão amarga do desengonçado cadáver de um pássaro, talvez, uma gaivota, olhos opacos semicerrados para sempre e as asas inertes, inativas, aposentadas.

Sabia que era preciso reagir, reencontrar minha chama tornada um tição apagado, perseguir a Deus nos desertos, no *Sheol* ou nos confins do Universo, para apenas cobrar-lhe sua graça, o que já me bastaria. Mas meu fôlego entrou em colapso e o coração parecia lanhado de tanto me socar, como se fosse um violento bate-estaca, que pudesse terminar, a qualquer momento, rompendo-me as estufadas veias e artérias do pescoço.

Lembro-me de que numa noite, trancado no meu quarto, comecei a escrever um texto compulsivamente, embora me sentisse sem emoção, sem fogo nem eco; tão morto quanto o pássaro imóvel que me tornara. Apenas, a estranha sensação de ser fustigado por mim mesmo, o que me lançava, sem qualquer possibilidade de fuga, no mais percuciente desespero.

Não sei se dormi ou desmaiei de exaustão. Só bem depois descobri ter criado um longo poema que bem poderia chamar-se *A Minha Aflita Utopia*. E a poesia, escrita à mão e com letra quase ilegível, terminava assim:

> *Quando a última taça de angústia*
> *for despejada no caos escuro*
> *e a asfixia me ditar a morte*
> *num mundo próximo do colapso total,*
> *eu me rirei do carrasco extenuado,*
> *do falso deus sem rosto nem futuro*
> *e cantarei meu credo*
> *a quem quiser ou não quiser ouvi-lo:*
> *eu creio na vida de amor*
> *e acima de tudo*
> *sou vivo em meu Deus.*

As utopias que aprendi a respeitar, mesmo a despeito de limitações e contingências, me ensinam que a sabedoria do Universo não sofrerá colapso ou deterioração, círculos fechados, fim. Porque tudo se encontra agasalhado pelo propósito de Deus, que sempre assegura fazer novas todas as coisas.

A Vida, sacramento divino, será preservada. E a vida singular do ser humano, que o transforma no interlocutor de Deus e a consciência que identificamos em todo o mundo que conhecemos, nem tem por que ser suprimida.

E isto jamais acontecerá.

Se o homem é um ser que se desenvolve e apenas vive suas metamorfoses quando vinculado a um corpo, temos de reconsiderar com seriedade a reencarnação. É oportuno lembrar que esta doutrina foi aceita pela Igreja durante parte significativa de sua História, e tem entre os religiosos não-cristãos esmagadora maioria, contabilizando ao todo um número bem mais expressivo do que a soma dos cristãos que a negam.

Mas esta é apenas uma evidência e não definitiva prova.

Quanto a mim, acredito que seja honesto e prudente deixar em aberto esta questão. Ao menos por enquanto.

De qualquer forma, declaro-me divorciado da doutrina tradicional que apregoa o inferno e as penas eternas. Por dois motivos principais. Meu irrestrito respeito pelo Deus de amor e também a preocupação banhada em compaixão que consagro ao pobre ser humano, sem liberdade nem vida ou poder para sequer entender uma penalidade tão monstruosa como a que nos é acenada através de algumas passagens bíblicas específicas. Trata-se de textos que merecem o cuidado especial recomendado aos exegetas de relatos alegóricos e mitológicos, como de regra aceitamos que são as parábolas e as passagens voltadas para as questões que agora me merecem foco. Ou não?

Deixe-me, no entanto, dizer-lhe que um notável bispo católico e dileto amigo com quem celebrei o primeiro casamento ecumênico num templo católico me disse com essas franqueza e honestidade que fazem dele um homem muito especial:

> *Eu aceito a existência do inferno porque sou um sacerdote católico, mas não acredito que ninguém seja mandado para lá.*

Minha visão é mais simplificada ou conserva até agora a rebeldia dos anos verdes de passados dias. Não me afasto, no entanto, de meu irmão e amigo, por nada que possa imaginar. Muito menos por seu jogo bem intencionado de palavras.

Mas há uma afirmação no livro de *Apocalipse 21.8* que demanda tratamento especial e explicação um pouco mais detida, uma vez que tantos a usam tendenciosamente. Ou seja, como justificativa dos próprios preconceitos e discriminações. Aí está:

> *Quanto, porém, aos covardes, aos incrédulos, aos abomináveis, aos assassinos, aos impuros, aos feiticeiros, aos idólatras e a todos os mentirosos, a cota que lhes cabe será no lago que arde com fogo e enxofre, a saber, a segunda morte.*

Trata-se, como é evidente, de um texto alegórico. Mas se esta mesma passagem escrita acima, de conformidade com a mentalidade concreta dos povos orientais, fosse transposta para o pensamento mais abstrato que herdamos dos gregos, é possível uma outra versão, que não falseia nem violenta a intenção do texto:

> *Quanto, porém, à covardia, à incredulidade, à abominação, ao homicídio, à impureza, à feitiçaria, à idolatria e a toda forma de mentira, seu fim será a extinção total.*

O escritor do Apocalipse estaria afirmando tão somente que serão destruídas as excrescências do mal imiscuídas em nosso comportamento, e não o esmagamento das pessoas sobrecarregadas por equívocos inevitáveis, assim como involuntárias ambigüidades; esmagamento que seria efetuado por um Deus cujo rosto e humor estão comprometidos pelos espelhos que impõem todas as distorções do ser humano.

Santo Agostinho também chega, segundo entendo, a conclusão semelhante, para assegurar com a coragem da fé:

> *Deus odeia o pecado, mas ama o pecador.*

Há salmos imprecatórios que, sem esta leitura, nos mostrariam um povo bárbaro e violento, de olhos congestionados; gente que se nivelaria às feras, só podendo mesmo ser conduzida e influenciada por um deus sanguinário, vingativo e cruel! Como entender de outro modo, quando o salmista, em nome do Eterno, recomenda que as crianças, filhas dos ímpios, sejam mortas, com o arremesso brutal de suas pequenas cabeças contra as pedras?

Sou um dos tardios adeptos de velha *heresia* conhecida como *universalismo*, isto é, entendo que todos os homens serão salvos, no dia da grande e definitiva renovação, desde sempre proclamada em todos os livros sagrados das principais correntes religiosas. Já houve, na Igreja primitiva, muitos que nutriram a mesma expectativa e eu os considero uma boa companhia para o percurso que desejo palmilhar. Aliás, este meu testemunho já faz parte integrante do presente livro, no capítulo que investiga a salvação.

Ao colocar um ponto final nessas rápidas considerações com nítida vocação para esboço ou simples sinopse de idéias que demandam ainda maior e mais cuidadoso aprofundamento, confesso-me perturbado e perplexo, diante das inúmeras interrogações que sempre emergem de mim mesmo, sem alcançar respostas plausíveis. Aprendi a me pacificar com a certeza de que Deus é o responsável tanto pela existência de todas as coisas quanto pelo objetivo e meta que dará a todas elas, usando-nos como seus parceiros e cúmplices na construção do futuro e da utopia definitiva.

Não sei se você viu um filme delicioso que circulou há anos em nossas telas de todas as dimensões: *Alguém lá em cima gosta de mim*. O enredo nos coloca diante de um velho de aparência singela e comum, que termina convencendo gradativamente a quase todos de que é o próprio Deus. E a história chega a um de seus pontos mais interessantes quando esse velho-Deus revela que conhece todo o passado e presente, mas não arrisca nada que tange ao futuro. Porque o futuro ele deixa aos cuidados dos seres humanos. Somos nós que devemos assegurar passo a passo, com o mesmo senso de responsabilidade e urgência que também merecia nosso jardim de origem.

Muito embora o filme não tenha uma preocupação teológica séria, é verdade que nos passa uma mensagem coerente: o futuro, em grande parte e sem ferir as linhas mestras da vontade divina, é tecido laboriosamente por nós. Temos então de cumprir essa parte que nos cabe com disposição, alegria e coragem.

É preciso aproveitar as oportunidades voltadas para o futuro e escolher bem. Geraldo Vandré, ou o eco do que um dia deixaram que ele fosse, continua a nos desafiar:

> *Vem, vamos embora que esperar não é saber;*
> *quem sabe faz a hora, não espera acontecer.*

Aqui há sabedoria. Porque toda a sensação de impossibilidade que me enevoa com freqüência os olhos, encurta-me o horizonte e tolda o meu descortino é varrida de supetão pela ação de um poder benfazejo que fulmina com sua luz fulgurante ainda a mais densa e fechada escuridão de breu. E esse benfazejo poder bem pode chamar-se Amor.

* * *

Que as palavras dos meus lábios
e o meditar do meu coração
sejam agradáveis na tua presença,
Senhor, Rocha minha e Redentor meu –

Do Saltério

CARACTERÍSTICAS DESTE LIVRO:
Formato: 14 x 21 cm
Mancha: 10,5 x 17,5 cm
Tipologia: Times New Roman 9,5/12,5
Papel: Ofsete 75g/m² (miolo)
Cartão Supremo 250g/m² (capa)
Impressão: Sermograf
1ª edição: 2007

Para saber mais sobre nossos títulos e autores,
visite o nosso site:
www.mauad.com.br